ROLF SCHLENKER

# 1933 – Ein Beil gegen Hitler

**Ein Tatsachenroman aus Stuttgart**

SILBERBURG

Bildnachweis:
Archiv Silberburg: S. 24, 25, 55; Bundesarchiv:
Bild 151-55-28: S. 39, Bild 146-1974-160-13A:
S. 71, Bild aus Akte BArch R 9361-III/519444:
S. 63, Bild 192-111: S. 99, Bild 183-1984-0615-434:
S. 109; Fotoarchiv des »Projekt Dorfgedächtnis«
der Allmende Stetten: S. 15; Staatsarchiv
Ludwigsburg: Signatur E 356 d V Bü 852: S. 64;
Stadtarchiv Stuttgart: S. 48, 101; »Südfunk« Nr. 9,
26.02.1933, Historisches Archiv des SWR: S. 47;
Franka Weinzierl: S. 30, 80, 114, 115, 116, 117, 118,
119, 120, 121, 122, 123, 124, 125, 126

Der Silberburg-Verlag dankt den Rechteinhabern
für die Abdruckgenehmigungen. Sollten bei
der Ermittlung der Rechteinhaber Fehler oder
Versäumnisse vorliegen, ist der Verlag bereit, nach
Aufforderung rechtmäßige Ansprüche abzugelten.

1. Auflage 2020

© 2020 by Silberburg-Verlag GmbH,
Schweickhardtstraße 5a, D-72072 Tübingen.
Alle Rechte vorbehalten.
Umschlaggestaltung: Andrea Longerich,
César Satz & Grafik GmbH, Köln.
Satz und Layout: Sabine Düde,
César Satz & Grafik GmbH, Köln.
Coverfoto: © akg/mauritius images/
Karl Heinrich Lämmel.
Lektorat: Sabine Besenfelder, Tübingen.
Printed in Slovenia by Florjancic.

ISBN 978-3-8425-2207-7

Ihre Meinung ist wichtig für unsere Verlags-
arbeit. Senden Sie uns Ihre Kritik und
Anregungen unter **meinung@silberburg.de**

Besuchen Sie uns im Internet und entdecken
Sie die Vielfalt unseres Verlagsprogramms:
**www.silberburg.de**

# Inhalt

# Vorwort

*»Alle diese Gedanken von Arbeitsbeschaffung, Zinsfestsetzung oder von Arbeitsdienst, sie stammen nicht vom Herrn Staatspräsidenten Bolz … (Gelächter, Beifall) … sondern sie stammen aus unserem großen deutschen Aufbauprogramm. Man hat sie herausgenommen und allerdings nunmehr aus dem Gesamtgefüge gelöst, beengt, geschwächt, zum Teil verzerrt, so dass auch ihnen ein Erfol…«*

Das »g« ging nicht mehr über den Sender: Am 15. Februar 1933 um 21.17 Uhr verstummte der »Führer« – zumindest für die Hörer des Süddeutschen Rundfunks. Der Grund: Vier junge Kommunisten hatten ein Übertragungskabel vor der Stuttgarter Stadthalle mit einem Beil durchtrennt und so die Auftaktrede von Adolf Hitler für den Reichstagswahlkampf 1933 unterbrochen.

»Stuttgarter Kabelattentat« wird man diese Aktion fortan nennen. Was sie so bedeutend macht: Sie war die erste Widerstandstat gegen Hitler – und für lange Zeit die letzte.

Vor dem Hintergrund dieser politisch aufgeheizten Zeit spielt diese wahre Geschichte der vier »Attentäter« und des fünften Mannes, der die Idee dazu hatte. Es ist eine menschliche Geschichte, die die Wucht einer griechischen Tragödie entwickeln wird, eine Geschichte von Mut, Widerstand, Liebe, Verrat, Leid und Tod.

Ich habe diese Geschichte über mehrere Jahre hinweg recherchiert. Da zu einigen Aspekten die Faktenlage äußerst dünn ist – so verbrannten die Prozessakten des Tippgebers bei einem Luftangriff 1944, es gibt auch keine Aufzeichnungen darüber, was ihm in seiner KZ-Haft widerfuhr –, änderte ich mein Vorhaben: Aus einem journalistischen Sachbuch wurde ein Tatsachenroman. Das, was nur dürftig oder überhaupt nicht mehr recherchierbar war, habe ich erzählerisch ausgestaltet – so, wie es plausibel hätte stattfinden können.

6

Die meisten Figuren in diesem Buch haben in der Geschichte tatsächlich eine Rolle gespielt, einige wenige sind aber auch fiktiv.

Baden-Baden, im Januar 2020
Rolf Schlenker

# Einleitung

Der 15. Februar 1933 ist ein bewegter Tag: In Miami entgeht Präsident Roosevelt nur knapp einem Attentat, in Berlin legt Heinrich Mann auf Druck der NSDAP die Präsidentschaft der Dichtkunstsektion in der Preußischen Akademie der Künste nieder, worauf die Bildhauerin Käthe Kollwitz ihren Austritt erklärt, darüber hinaus nimmt die Regierung das Rücktrittsgesuch des renommierten Reichsrundfunkkommissars Hans Bredow an. Die Zeitungen titeln an diesem Mittwoch im ganzen Reich mit der Trauerfeier für die 68 Todesopfer der Gasometerexplosion im saarländischen Neunkirchen.

In Stuttgart ist der 15. Februar ein klarer Tag, minus 1 bis minus 3 Grad sind angesagt, vielleicht in der Nacht etwas Schnee … Die Staatsoper wird am Abend »La Bohème« geben, das Union Theater in der Tübinger Straße zeigt »Der Kongress tanzt« mit Lilian Harvey und Willy Fritsch, für die Nachtvorstellung ist – leicht schwitzig – »Frauennot, Frauenglück« angekündigt, »ein Film von der Beziehung zwischen Mann und Frau, vom Werden des Menschen, von Leiden und Freuden der Mutterschaft – aufgenommen in der Universitätsfrauenklinik Zürich«.

Im Anzeigenteil des »Neuen Stuttgarter Tagblatts« kündigt das Hotel Ruh in der Sophienstraße einen »großen Kappenabend« an, »Südkraftreisen« wirbt für eine achttägige Reise ins Tannheimer Tal in »gut geheizten Omnibussen« samt Übernachtung und Skikurs für 49,50 RM, und Frau Berta Funk bietet einen dreimonatigen Steno- und Maschinenschreibkurs für 15 RM an – »Eintritt jederzeit«. Dazwischen eine kleine Anzeige, die die NSDAP-Kreisleitung Stuttgart geschaltet hat – der Wortlaut: »Heute abend 8 Uhr ist alles bei der Riesen-Hitlerkundgebung auf dem Stuttgarter Marktplatz.«

Das ist die eigentliche Nachricht des Tages, die im redaktionellen Teil des liberalen Blatts jedoch mit keiner Silbe erwähnt wird: Adolf Hitler kommt in die Stadt! Der frischgebackene Reichskanzler hat

8

Stuttgart auserkoren, um hier seine Wahlkampftour zu eröffnen – das ganze Reich wird somit auf die schwäbische Metropole blicken und den mit Spannung erwarteten Auftakt für die vorgezogene Reichstagswahl am 5. März beobachten. Deshalb haben die Nationalsozialisten auch durchgesetzt, dass die Rede per Rundfunk übertragen wird.

Seit zwei Wochen ist Hitler im Amt, noch gibt er den Staatsmann, der zwar lautstark tönt, sich aber an die Regeln hält. Noch. Zwölf Tage später wird der Reichstag brennen und Hitler die Stimmung nutzen, um seine politischen Gegner reihenweise in hastig aufgebaute Konzentrationslager zu sperren und so die totale Macht zu ergreifen. Gerade vier Wochen dauert dieser wahnwitzige Sturzflug von »Demokratie« zu »Diktatur« – und mittendrin liegt dieser Auftritt Hitlers in Stuttgart.

Dass der württembergische Staatspräsident den spektakulären Auftritt vor dem Neuen Schloss nicht genehmigt und ihm stattdessen die schmucklose Stadthalle in der Neckarstraße zugewiesen hat, wird Hitler nicht vergessen: Vier Monate später sitzt Eugen Bolz im Gefängnis Hohenasperg, zwölf Jahre später wird er in Plötzensee gehängt werden.

Dieser 15. Februar 1933 ist in mehrerlei Hinsicht und für mehrere Personen ein Schicksalstag. Er markiert den Beginn einer Geschichte, die an diesem Abend verhängnisvoll Fahrt aufnehmen wird, um exakt 21.17 Uhr – durch zwei rasche Hiebe mit einem Winzerbeil …

# Kapitel 1: Der Plan

Sommer 1990, Seniorenheim »Kronenhof«,
Schönbronn-Grab, Welzheimer Wald

Sonst hatte ihm der Geruch immer einen Würgereiz verursacht, diese Mischung aus Malzkaffee, Bohnerwachs, Desinfektionsmittel und den Ausdünstungen der Bettschüsseln – bei jedem Besuch fühlte sich Hans sofort an seine eigene Geschichte erinnert: Zu viele Heime, zu viele Schlafsäle, zu viele Schläge, weil es einer mal wieder nicht hatte »verheben« können ... Doch dieses Mal war er, ohne einen Nebengedanken zuzulassen, durch die Flure auf die eine Tür zu- und ohne zu klopfen in das Zimmer hineingestürmt. Jetzt dringen immer wieder laute Satzfetzen durch die dicke Tür: »... Du hast ihn ans Messer geliefert ...«, »... Das verstehst du nicht, das waren doch ganz andere Zeiten.« »Wie konntest du das nur tun? ...« Jetzt wird die Tür wieder aufgerissen, der Mann stürmt wieder heraus – Mitte sechzig, groß, Anzug, Regenmantel – außer sich wirft er die Türe hinter sich zu, taumelt noch fünf, sechs Schritte, bleibt stehen, dreht sich um und brüllt aufgebracht: »Duuuuu ...Teufel!«

Dienstag, 7. Februar 1933, 11.00 Uhr, Stuttgart, Telegrafenbauamt,
Neckarstraße 145, Besprechungsraum

»Guten Tag, meine Herren.« Ein dicker Mann mit Halbglatze, runder Brille, gestreiftem Anzug betrat den Raum. Die rund 30 Männer im großen Besprechungsraum grüßten zurück und blickten neugierig auf ihren Chef – die Aufforderung, sich innerhalb von 30 Minuten hier einzufinden, war ohne Angabe von Gründen erfolgt, das heißt, es musste wichtig sein, was ihnen Oberamtsrat Dr. Baumgärtner zu sagen hatte.

»Ich möchte Sie darüber in Kenntnis setzen, dass uns heute Morgen ein Telegramm aus Berlin erreichte«, er machte eine kleine Kunstpause und blickte in die Runde, »vom stellvertretenden Reichsrundfunkkommissar. Der Reichskanzler plant, seinen Wahlkampf hier in Stuttgart zu eröffnen. Da Bolz ihn nicht vor das Neue Schloss lässt, muss sich Hitler mit der Stadthalle begnügen.« Einige der Männer begannen bei dieser Bemerkung zu grinsen, einige andere reagierten darauf sichtlich schmallippig. »Als Ausgleich verlangt Goebbels jetzt, dass wir die Rede auf den Marktplatz übertragen sollen, die NSDAP will dort einen großen Aufmarsch machen, damit jeder, der will, die Rede hören kann, außerdem muss die Rede in ganz Süddeutschland im Rundfunk übertragen werden.«

Die meisten Männer hörten emotionslos zu, bei einem schien das einige der Anwesenden zu erstaunen. Immer wieder wanderten ihre Blicke zu ihm: Theodor Decker, Anfang 30, schlank, hohe Stirn, etwa 1,75 Meter groß, auffallend große Ohren, wache, blaue Augen, gerne mit einem spöttischen Zug um den Mund. Er, der kommunistische Gewerkschafter und Betriebsratsvorsitzende im Telegrafenbauamt, verzog keine Miene, sondern folgte aufmerksam den Worten seines Chefs. »Da wir ja seit dem Auwi-Zwischenfall den Einfallsreichtum der Herren Kommunisten kennen, werden wir wohl Vorkehrungen treffen müssen …«

»Auwi«, das war die Abkürzung für August Wilhelm von Preußen, vierter Sohn von Kaiser Wilhelm II. und ranghoher SA-Führer. Im November 1932 hatte er auf einer Kundgebung in der Stuttgarter Stadthalle gesprochen, und Unbekannte hatten in der Nacht davor eine Sirene eingebaut, um die Rede zu stören. Doch die Verschwörer hatten einen handwerklichen Fehler gemacht und den Strom für die Zeitschaltuhr von einer Straßenlaterne draußen vor der Stadthalle geholt, die dummerweise eine andere Spannung hatte als die Sirene. Deshalb heulte sie nur für Sekundenbruchteile auf – und brannte augenblicklich durch.

Die meisten der Besucher hatten die Störung überhaupt nicht als solche registriert, doch die Verantwortlichen waren jetzt gewarnt.

»Es kommt noch etwas hinzu«, fuhr Baumgärtner fort. »Von der Stadthalle bis hierher zum Einspeispunkt sind es 900 Meter. Da der Kabelschacht noch nicht in voller Länge fertiggestellt ist, verläuft das Übertragungskabel momentan an einigen Stellen noch oberirdisch – das heißt: Wir werden Wachen aufstellen müssen. Wir können ja ...«, er machte eine kurze Pause und blickte lächelnd in die Runde, »die Herren von der SA um Hilfe bitten – das steigert bestimmt die Wirksamkeit dieser Maßnahme.«

Wieder dieselbe Reaktion in der Runde: Ungefähr zwei Drittel grinsten zustimmend, die Mienen der anderen verfinsterten sich.

»Danke, meine Herren, an die Arbeit.« Dr. Baumgärtner stand auf und verließ rasch den Raum, der wenige Sekunden später von lebhaftem Gemurmel erfüllt wurde.

»Was ist los, Decker? Heute keinen Spaß an Spitzen gegen den Führer?« Der Angesprochene sah auf, blickte dem spöttischen Frager erst in die Augen und dann auf das Parteiabzeichen am Kragen seines karierten Jacketts: »Nein, Reitberger, Spaß hat mir Hitler noch nie gemacht.«

»Das wird auch bestimmt so bleiben, denn irgendwann schlägt der Führer zurück, und zwar so, dass Leuten wie dir das Lachen vergehen wird, da kannst du dich drauf verlassen.«

»Weißt du was, Reitberger? Kümmere du dich um deine Arbeit, ich mich um meine.«

Theodor Decker drehte sich um und ging weg. Ihm war nicht nach Verbalattacken zumute. Das, was er eben von Baumgärtner gehört hatte, wühlte ihn innerlich auf – merkwürdig stark. Nicht allein deshalb, weil er mit zunehmendem Entsetzen sah, wie sich Hitler trotz heftigsten Widerstands der Kommunisten und vieler Arbeiter immer noch fester etablierte und immer noch erfolgreicher wurde. Nein: Theodor Decker spürte, dass die Dinge plötzlich auf ihn zuzulaufen schienen, dass er jetzt an der Reihe war, zu handeln – eine Erkenntnis, die von einer jähen Panik begleitet war. Nein, das ging nicht ... er war schließlich Vater von zwei kleinen Jungen ... und er wusste aus den letzten Wochen nur zu gut, wie es Andersdenkenden ergehen konnte:

12

Wischnewski zum Krüppel geschlagen, Jäger erstochen – Täter natürlich immer »unbekannt« …

In Gedanken versunken stand er auf und verließ den Raum.

**Mittwoch, 8. Februar 1933, 19.30 Uhr, Stuttgart-Berg, Sickstraße 5a, Wohnung von Rudolf Futterknecht**

»Und der Mann ist zuverlässig?«

»Auf jeden Fall, für den lege ich meine Hand ins Feuer.«

»Verheiratet?«

»Ja … und seit ein paar Jahren ist er in der RGO.«

Die RGO war die Revolutionäre Gewerkschafts-Opposition, eine Organisation, die mit den Jahren immer dichter an die KPD herangerückt war.

»Kinder?«

»Ja, zwei Buben.«

»Hmm.«

»Was?«

»Familienväter sind vorsichtiger.«

»Er macht es ja nicht selbst, er hat mir nur den Tipp gegeben.«

»Mhhh, trotzdem …«

Das Gespräch der beiden Männer brach ab, sie schoben die schweren Gardinen etwas zur Seite und blickten durchs Fenster auf den Platz vor der imposanten Heilandskirche, nur gut 150 Meter von der Stadthalle entfernt, in der der Hitlerauftritt stattfinden sollte. Die Wohnung im ersten Stock des Mietshauses war einfach möbliert, aber man sah sofort, dass hier kein Arbeiter wohnte. Das Wohnzimmer wurde beherrscht von einer Garnitur aus einem kleinen, dunkellackierten Rauchtisch, um den herum sich vier wuchtige Art-déco-Sessel gruppierten, daneben eine Stehlampe und ein Gummibaum, an der Wand gegenüber dem Fenster stand ein wuchtiges Eckregal aus Palisander, voll mit technischen Fachbüchern.

Rudolf Futterknecht, 33, war Ingenieur bei den Technischen Werken der Stadt. Er sympathisierte mit den Kommunisten, war aber selbst nicht Mitglied einer linken Organisation. Deshalb stand sein Name auch auf keiner schwarzen Liste, ein Umstand, der seine Wohnung zu einem unverdächtigen Treffpunkt machte.

Sein Besucher war deutlich jünger, Anfang 20, Brille: Kurt Hager, geboren in Bietigheim-Bissingen, Abitur, wegen seiner politischen Einstellung war ihm die Erfüllung seines Traums, ein Lehramtsstudium, verwehrt worden, deshalb Selbststudium an der Marxistischen Schule MASCH, 1932 dann Beitritt zum Roten Frontkämpferbund RFB, danach Eintritt in die KPD. Die meisten kannten ihn nur unter dem Tarnnamen »Leo« – er hatte die Fragen gestellt. Futterknecht blickte zur Wanduhr. »Halb acht, sie müssten gleich da sein, Otto Storck bringt ihn her.«

Die Türglocke schrillte: »Genosse Leo, das ist der Genosse Decker.«

Seit mehreren Tagen schon dachten überall in Stuttgart rote Funktionäre darüber nach, wie sie die Hitlerrede stören könnten. Drei Tage nach Hitlers Amtsantritt hatte der willfährige Hindenburg die »Verordnung des Reichspräsidenten zum Schutze des deutschen Volkes« erlassen, die die Presse- und Versammlungsfreiheit drastisch einschränkte, was vor allem die Kommunisten traf. Deshalb war die Stuttgarter Aktion so wichtig: Wenn Hitler die Kommunisten zum Schweigen verurteilte, dann würden sie ihm ebenfalls das Wort abschneiden. Das sollte die Botschaft sein – live über zwei Millionen Radiogeräte verbreitet.

Jetzt beugten sich die vier Männer über die Pläne, auf denen Decker den Verlauf des Übertragungskabels eingetragen hatte.

»An zwei Stellen läuft es oberirdisch.«

»Warum?«

»Weil da der Boden asphaltiert ist, alles andere ist ja nur Hinterhofgarten, da ist das Kabel schon in der Erde, beim Rest warten wir noch auf die Genehmigung des Bauantrags.«

14

»Gut für uns, dass die Mühlen hier so langsam mahlen ...«
Hager rollte den Plan langsam zusammen.

»Du, Genosse Decker, wirst die nächsten vier Wochen jeden Kontakt zur Partei vermeiden, keine Versammlungen, keine Flugblattaktionen oder Ähnliches – es darf keine Spur von uns zu dir oder von dir zu uns führen – hast du das verstanden?«

Decker nickte. »Wer wird's machen?«

»Auch das werden wir dir nicht sagen – was du nicht weißt, das können die Faschisten auch nicht aus dir herausprügeln.«

Bei diesen Worten beschlich Decker wieder Beklommenheit: Falls ihm etwas zustoßen würde – er hatte die Verantwortung für eine Familie, er war ihr Ernährer ... Er schüttelte sich innerlich und versuchte, den Gedanken zu verdrängen – hier ging es um mehr ... Und: Es war jetzt zu spät, um zurückzurudern – er hatte seinen Beitrag bereits geleistet, andere würden die Sache jetzt in die Hand nehmen und weiterführen.

Futterknecht und Hager waren zu ihm getreten, um ihn zu verabschieden. Zusammen mit Storck, der sich während des Gesprächs im Hintergrund gehalten hatte, verließ er die Wohnung,

»Und: Wer soll's machen?«, fragte jetzt Futterknecht.

»Ich habe da schon einen im Kopf.«

### Samstag, 11. Februar 1933, 14.30 Uhr, Stuttgart-Ost, Buchwald

»So isch's recht, Ede: Wenn mir ned schwätza dürfet, no dürfet dia au nix saga.« Hermann Medinger, von jedem nur »Mendl« genannt, 33 Jahre alt, ein kräftiger Winzersohn und Zimmermann aus Stetten im Remstal, reagierte als Erster auf den Plan. »Ede«,

*Hermann Medinger*

15

das war der Stuttgarter Eduard Weinzierl, von Beruf Maler, 30 Jahre alt, verheiratet und Vater von zwei Töchtern, vier und sechs Jahre alt.

Auch die beiden anderen nickten zustimmend: der 32-jährige Hilfsarbeiter Wilhelm Bräuninger aus Zuffenhausen, »Hemme« genannt, und der 21 Jahre alte Zimmermann Alfred Däuble aus Stuttgart-Münster.

Die vier Männer mit ihren festen Stiefeln und groben Rucksäcken wirkten wie eine Wandergruppe. Zügig durchquerten sie den Wald hoch über Gaisburg und Ostheim, so als hätten sie ein festes, fernes Ziel. Nur dann und wann blieben sie stehen, weil Weinzierl etwas mit seinem Wanderstock in den kiefernnadelübersäten Boden ritzte. »Hier, an diesen beiden Stellen kommt man ran …« Danach verwischte er die Skizze gründlich, während er sich nach allen Seiten umsah.

Zwei Tage zuvor hatte »Leo« ihn angesprochen. Ob er sich eine Aktion gegen Hitler zutrauen würde? Weinzierl hatte sofort zugestimmt und war auch dabei geblieben, als »Leo« ihn an seine Kinder erinnert hatte. Wenn man die Möglichkeit hatte, dem verhassten Hitler ganz persönlich eins auszuwischen, dann musste man die Chance nutzen – das war seine Überzeugung. Gemeinsam waren sie mit der Straßenbahn zur Stadthalle gefahren, waren unauffällig an den Häusern Werderstraße 14 und Neckarstraße 220 vorübergegangen – deutlich hatte Weinzierl die Kabel sehen können, die die Hitlerrede übertragen würden. »Es werden Posten aufgestellt sein«, hatte »Leo« immer wieder gemahnt, aber Weinzierl hatte fest versprochen, vorsichtig zu sein. Schon wegen der Kinder.

Am Tag darauf hatte er seine Helfergruppe zusammengestellt, die Wanderung heute war ihr konspiratives Treffen. Zu gerne wären sie noch im Waldheim Gaisburg eingekehrt, ein herrlich gelegenes Haus mit wunderschönem Blick auf den Stuttgarter Osten und die Industrievororte. Doch das »Kommunisten-Waldheim«, wie es überall genannt wurde, war ihnen heute zu riskant. Niemand sollte sie zusammen sehen, sie wollten auch sichergehen, dass keiner zuhören

16

konnte, was sie besprachen – auch ihr Waldheim wurde gerne von Spitzeln der Nazis besucht.

An der Geroksruhe trennten sich die vier: Die einen nahmen die Straßenbahn, die anderen gingen den steilen Gablenberger Weg in den Stuttgarter Osten hinunter.

Auf der zweistündigen Wanderung hatten sie mehrmals das Szenario durchgespielt, jeder wusste nun, was seine Aufgabe war. Vor allem würden sie ab jetzt jeden Kontakt meiden, sie würden sich erst am Mittwoch wiedersehen, an dem Tag, an dem Hitler nach Stuttgart kommen würde.

# Kapitel 2: Der Tag X

Mittwoch, 15. Februar 1933, 14.25 Uhr,
Flughafen Stuttgart-Böblingen

Rund 50 Paar Schuhe und SA-Stiefel trampelten gegen die Kälte an, ihre Besitzer schauten alle in dieselbe Richtung, die Blicke bohrten sich in den klaren Himmel – wann, zum Teufel, tauchte bloß endlich die Maschine auf? Außer zwei Mädchen mit Blumensträußen waren es ausschließlich Männer, die vor dem lang gestreckten weißen Empfangsgebäude mit der Aufschrift »Stuttgart-Böblingen« froren: Unter ihnen Wilhelm Murr, 45, ein rücksichtsloser Parteikarrierist der NSDAP, schon seit 1928 »Gauleiter« Württemberg-Hohenzollerns. Seine Brille verlieh ihm eine intellektuelle Ausstrahlung und ließ seinen bulligen Nebenmann wie einen Fleischergesellen wirken. Doch Karl Strölin war promovierter Rechts- und Staatswissenschaftler, ganz im Gegensatz zum Volksschüler Murr. Strölin war zwei Jahre jünger, aber bei Weitem nicht so erfolgreich: Vor zwei Jahren hatte er bei der Stuttgarter Oberbürgermeisterwahl eine krachende Niederlage hinnehmen müssen, gerade mal 26 000 stimmten für ihn, fast fünfmal mehr für den beliebten Amtsinhaber Karl Lautenschlager – nun war der untersetzte Mann Chef der NSDAP-Gemeinderatsfraktion.

Mit respektvollem Abstand hinter den beiden wartete Georg Kraut, seit 1919 Böblingens Bürgermeister, von den umstehenden SA-Männern kaum eines Blickes gewürdigt.

»Gleich halb drei«, meinte einer von ihnen mit Blick auf den quadratischen Tower des Flughafens. Da … ein Brummen … endlich. Und da stieß sie auch schon durch eine der wenigen Wolken, die Ju 52 der Lufthansa – wenige Augenblicke später setzte die Maschine auf dem Rollfeld auf.

Schon im Wahlkampf 1932 hatte die Lufthansa das richtige Gespür dafür gehabt, woher künftig der Wind wehen würde. Der Vorstand

18

hatte Hitler im Wahlkampf eine Maschine zur Verfügung gestellt, samt sehr erfahrenem Personal: Hans Baur, der im Ersten Weltkrieg ein Flieger-Ass war, sollte bis ins Jahr 1945 Hitlers Chefpilot sein. Und die großzügige Wahlkampfunterstützung machte Hitler zum Prototypen einer neuen Zeit: »Hitler über Deutschland« war der Wahlkampfslogan Hitlers im Reichstagswahlkampf des Jahres 1932 gewesen, der Einsatz der modernen Verkehrsmittel ermöglichte ihm mehrere Wahlkampfauftritte am selben Tag – »Fliegen heißt siegen« wurde im Gegenzug zum Werbeslogan des jungen, aufstrebenden Transportunternehmens.

Jetzt visierten die Nazis das nächste moderne Wahlkampfinstru- ment an: den Rundfunk. Vor seinem Abflug in Berlin-Tempelhof hatte Hitler noch den Rücktritt angenommen, den der Reichsrund- funkkommissar Bredow gleich nach der »Machtergreifung« erklärt hatte – im Gegensatz zu dem hoch angesehenen und genialen Rund- funkpionier hatten die Nazis mit seinem bisherigen Stellvertreter und jetzigen Nachfolger August Carl Kruckow leichtes Spiel. Schon vor fünf Tagen war zum Wahlkampfauftakt eine Hitlerrede in voller Länge übertragen worden, und das, obwohl die Verfassung die partei- politische Nutzung des Rundfunks untersagte.

Und auch für heute Abend hatten die Nazis eine Übertragung des Auftakts von Hitlers Wahlkampfreise durchgesetzt. Schon in weni- gen Wochen sollte das alles noch weitaus einfacher werden: Am 22. März 1933 würde der Rundfunk aus der Zuständigkeit des Post- in die des Propagandaministeriums übergehen – von da an würde dann Goebbels das Sagen haben und den Rundfunk zum Propagandains- trument ausbauen. Als eine der ersten Maßnahmen sollte er von der Rundfunkindustrie die Herstellung eines billigen »Volksempfängers« verlangen, der schon bei der Funkausstellung im August 1933 vorge- stellt und innerhalb weniger Tage 100 000-mal verkauft wurde – zügig folgten weitere Millionenauflagen. Jetzt im Februar 1933 waren Rund- funkgeräte noch Luxusgüter, doch in nur rund einem Jahr würden die »Volksempfänger« schon in fast allen Haushalten stehen.

19

Als die Ausstiegsleiter an die Ju 52 gelehnt wurde, ging Wilhelm Murr nach vorne: »Herr Reichskanzler, das Gau Württemberg-Hohenzollern heißt Sie herzlich willkommen.«

Hitler, Goebbels und der Rest der Delegation begrüßten die Wartenden, dann ging der Reichskanzler mit raschen Schritten – ohne die Blumenkinder eines Blickes zu würdigen – zu der wartenden Limousine. Es war ein Mercedes-Benz Typ 770, mit 38 000 Reichsmark das teuerste Auto des Deutschen Reiches. Die Daimler-Benz AG war das zweite deutsche Großunternehmen auf dem Rollfeld des kleinen Flughafens, das um Hitlers Gunst buhlte – mit Erfolg: Das Untertürkheimer Unternehmen sollte später mit seinen Lastwagen und Flugmotoren zu einer der wichtigsten Rüstungsschmieden des Dritten Reiches werden.

»Na, ein paar Fahnen mehr hätten es schon sein dürfen«, meinte Goebbels mit kritischem Blick auf das eher sparsam beflaggte Flughafengebäude – aber genau deshalb waren sie ja hier. Württemberg war dominiert vom katholischen Zentrum: Das Zentrum war in allen Regierungen der letzten 15 Jahre vertreten gewesen, seit 1928 stellte es mit dem überzeugten Katholiken Eugen Bolz den Staatspräsidenten. Genau hier sollte Hitlers Erfolgsgeschichte im Wahlkampf 1933 beginnen: mit dem Sturm auf das eher konservative Stuttgart. Keine einfache Aufgabe: Wie Staatspräsident Bolz war auch der konservative Oberbürgermeister Lautenschlager hoch beliebt, seit 1911 war der Jurist unumstritten im Amt, da er die Stadt souverän durch die schwere Zeit des Ersten Weltkriegs geführt hatte.

Wer an diesem Tag vorausgesagt hätte, dass Eugen Bolz in exakt vier Wochen und Karl Lautenschlager nur einen weiteren Tag danach aus ihren Ämtern gedrängt werden würden, hätte sicher als Fantast ohne jeglichen Realitätsbezug gegolten.

Der Mann, der dies alles schon im Hinterkopf hatte, winkte gerade aus der Staatskarosse heraus seinen Gauleiter zu sich: Auf der Fahrt von Böblingen in die Stuttgarter Innenstadt ließ sich Hitler von Wilhelm Murr über die Vorbereitungen für den Abend unterrichten.

20

Es galt, für Stuttgart die richtige Mischung aus Hetzpropaganda und staatsmännischem Auftritt zu finden ...

**Mittwoch, 15. Februar 1933, 15.00 Uhr,**
**Telegrafenbauamt Stuttgart, Büro von Theodor Decker**

Theodor Decker tippte an einem Bericht über die letzte Personalversammlung, nachdenklich unterbrach er die Arbeit und blickte aus dem Fenster auf den belebten Stöckachplatz mit seinem Gewimmel von Straßenbahnen und Menschen. Zu den Vorbereitungen zur Hitlerrede war er nicht abgestellt worden, ob aus Rücksicht oder aus Vorsicht, konnte er so genau nicht sagen, Dr. Baumgärtner war hier undurchschaubar. Nur ein kleiner Anflug von Spott ab und an ließ seinen politischen Standpunkt erahnen, ansonsten verhielt er sich »korrekt«. Ganz im Gegensatz zu ihm selbst: Decker war schließlich Vorsitzender des Betriebsrats.

Mittlerweile waren die Wachen an den beiden neuralgischen Punkten des Kabelwegs eingeteilt worden – müssten das die Aktivisten wissen? Decker überlegte fieberhaft: Sollte er mit »Leo« Kontakt aufnehmen und ihn informieren? Andererseits hatte Leo ihm mit Hinweis auf die Grundgesetze konspirativen Handelns jegliche Kontaktaufnahme strikt verboten.

Und er selbst? Was würde passieren, wenn die Aktion gegen Hitlers Rede Erfolg haben würde? Zwei Millionen Leute an den Rundfunkgeräten würden miterleben, dass der neue Reichskanzler eben doch nicht Herr über das Wort war – wie würden die Nazis auf diese Blamage reagieren? Würde Reitberger als überzeugter SA-Mann ihn nicht sofort als Verdächtigen ans Messer liefern? Je länger er darüber nachdachte, umso klarer wurde ein Gedanke in seinem Kopf: Er brauchte für den Abend ein Alibi, er müsste Zeugen beibringen können, die beschworen, dass er zur Zeit des Anschlags weit entfernt war und dass keine Geste an ihm nervöse Anspannung verraten hatte – nein, er musste völlig gelöst und entspannt

21

seinen Abend mit Menschen verbringen, die unverdächtig waren. Er überlegte: Vielleicht Eugen Holzmann, ein guter Bekannter der Familie, der keinen Hehl aus seiner Sympathie für Hitler machte? Nein, am Ende konnte er sich nicht sicher sein, ob Eugen standhaft bleiben würde. Außerdem würde ein Zusammentreffen mit ihm wohl seiner Frau nicht recht sein: »Der Eugen schaut mich immer so komisch an«, hatte sie schon mehrmals geklagt. Nein, ihm würde etwas anderes einfallen.

## Mittwoch, 15. Februar 1933, 15.15 Uhr, Stuttgart, Friedrichstraße 28, Hotel Hospiz Viktoria

Vorsichtshalber hatte man Hitler über die Einfahrt Keplerstraße direkt in den Innenhof gefahren. Vor dem klassizistischen Gebäude mit dem charakteristischen Türmchen warteten schon einige Dutzend Stuttgarter, Erwachsene und Schulkinder, in Zivil und in SA-Uniform – immer wieder brandeten »Hitler, Hitler«-Sprechchöre auf. Der Hotelchef begrüßte den Reichskanzler mit einem tiefen Diener am Wagen und führte ihn über den Hintereingang direkt zum Aufzug.

Das Hotel Hospiz Viktoria in der Friedrichstraße war ein Prunkstück des Historismus, mit mächtigen Rundbogenfenstern im Erdgeschoss. Die verspielte Fassade wurde bestimmt durch schmiedeeiserne Balkongitter, einem »Berliner Dach« mit einer Reihe von Mansardenfenstern und einem Zwiebeltürmchen mit barock anmutenden ovalen Fenstern, 1894 war es von den renommierten Architekten Bihl und Woltz gebaut worden und war die erste Adresse in Stuttgart. Das elegante Hotel mit seinen Restaurants, Cafés und Vortragssälen wurde nicht nur von Hitlers Tross geschätzt: Auch Regimekritikern diente es bis Ende der 1930er-Jahre als unverdächtiger Treffpunkt, wie zum Beispiel einem Kreis von Theologen um Martin Niemöller – kein Zufall, denn das Hotel hatte eine Tradition als »christliches Hospiz«.

Hotel Viktoria in Stuttgart.
Architekten. Bihl & Woltz, daselbst.
26.

*Hotel Hospiz Viktoria*

»Hospiz Viktoria«, diese Inschrift zog sich in großen Lettern über die ganze Breite des mächtigen Balkons, der sich im 2. Stock über die ganze Ecke Friedrich-/Schellingstraße zog. Hier – im größten und repräsentativsten Zimmer – residierte Hitler. Er war zunächst nicht ans Fenster getreten, das Wartenlassen gehörte zu seiner Inszenierungsstrategie. Er ließ sich eine Suppe, Tee und Wasser bringen und arbeitete eine halbe Stunde lang Regierungspapiere durch. Draußen kamen immer mehr Menschen zusammen, in einzelnen Schulen hatten die Lehrer ihren Schülern nahegelegt, den neuen Reichskanzler zu begrüßen, und mit ihnen Sprechchöre eingeübt: »Wir wollen unsern Führer sehn und nicht umsonst hier draußen stehn«, skandierten sie, oder: »Lieber Führer, zeig dich mal, wir stehen hier in großer Zahl.«

Dass die Menschen draußen den parteiinternen Begriff »Führer« verwendeten – ein Jahr, bevor ein Reichsgesetz diesen Funktionsbegriff einführte – zeigte, dass die Stuttgarter NSDAP-Gefolgschaft ganze Arbeit geleistet hatte. Deshalb stand Hitler mehrfach auf, um seinen Anhängern vom Balkon kurz zuzuwinken. Anschließend ging er seine Rede nochmals durch, vor allem Bolz würde er es zeigen: »Es hat sich ausgebolzt!«, würde er in wenigen Stunden mit heiserer Stimme in die voll besetzte Stadthalle brüllen.

23

## Mittwoch, 15. Februar 1933, gegen 18.00 Uhr, Stadthalle Stuttgart

*Stadthalle Stuttgart*

Auch wenn Hitler den Ort seiner Ansprache als Zumutung empfand: Die Stuttgarter Stadthalle war ein architektonisches Prunkstück. In den Jahren 1925/26 war sie vom Stuttgarter Architekten Hugo Keuerleber errichtet worden, der zusammen mit renommierten Kollegen wie Paul Schmitthenner oder Paul Bonatz als Mitglied der »Stuttgarter Schule« gilt, eine Richtung, die ein regional verhaftetes Bauen mit natürlichen Materialien auf Grundlage handwerklicher Traditionen vertrat und sich damit als modernen Gegenentwurf z. B. zum Bauhaus verstand.

So war die Stadthalle an der Ecke Neckar-/Werderstraße zwar ein funktionales, hocheffizientes Gebäude, dennoch wirkte sie immer noch wie ein großes Haus – das gestufte Dach überwölbte aber einen gewaltigen Zuschauerraum, der 10 000 Besucher fasste.

Jetzt hingen überall großflächige Spruchbänder an den Wänden: »Für die deutsche Nation – gegen internationalen Volksverrat«, oder »Schluß mit der parlamentarischen Mißwirtschaft«. Oben am Podium wurden letzte Mikrofon- und Leitungschecks gemacht.

24

*NS-Versammlung in der Stadthalle Stuttgart*

Draußen hatten sich jetzt schon – zwei Stunden vor Beginn der Veranstaltung – rund 7000 Personen versammelt – 10 000 würden es am Abend in der Halle sein. Unter den vielen Wartenden waren auch zwei Redakteure der kommunistischen »Süddeutschen Arbeiterzeitung«, Hans Ruess und Willi Bohn. Die Stadthalle war die erste Station eines Rundgangs, den sie an diesem Abend machen würden. Die beiden hatten den propagandistischen Part der Aktion übernommen. Ihr Auftrag: Die Stimmung an verschiedenen Orten beobachten und danach die Rede in einem Café verfolgen. So würden sie mitbekommen, ob die Aktion erfolgreich verlief. Dann würden sie das besprochene Flugblatt zu Papier bringen, »erst dann«, hatte ihnen »Leo« eingeschärft: »Bis dahin dürft ihr nichts

25

Schriftliches bei Euch haben – für den Fall, dass man euch anhält und durchsucht.«

Die Überschrift hatten sie schon im Kopf: »Wir haben Hitler das Wort entzogen.«

## Mittwoch, 15. Februar 1933, 18.00 Uhr, Stuttgart, Garten des Heeresstandortlazaretts Berg in der Teckstraße

Wenn man in dem keinen Park stand, fühlte man sich eher an Norddeutschland als an Württemberg erinnert: Über ein Dutzend größere und kleinere Ziegelsteinbauten verteilten sich auf dem Areal, das knapp 30 Jahre zuvor als Heeresstandortlazarett für die nahe gelegene Bergkaserne eingeweiht worden war. Da viele Soldaten, Ärzte, Pfleger und Besucher über das Areal eilten, fielen die vier Männer überhaupt nicht auf. War einer der vier ein Patient, der Besuch bekommen hatte? Oder mussten hier einige Besucher draußen warten, bis drinnen die Abendvisite zu Ende war?

»Hasch du das Beil?«, fragte Eduard Weinzierl seinen Nachbarn. »Freilich, hälscht du mich für einen Schulbub?«, antwortete Hermann Medinger gereizt. Die vier waren nervös. Zwei Stunden müssten sie nun irgendwie und irgendwo die Zeit totschlagen, sich immer mal wieder trennen, sich immer mal wieder an einem anderen Ort treffen: »Bloß keinen Alkohol«, hatte ihnen Weinzierl immer wieder eingeschärft, »saufen können wir hinterher.«

Weinzierl hatte–über einen Strohmann – noch ein paar zuverlässige Leute eingebunden, die unauffällig Schmiere stehen sollten. So z. B. ein junges Paar, das alle paar Meter anhielt, um sich zu küssen, während er über ihre und sie über seine Schultern hinweg durch die halb geschlossenen Augenlider das Geschehen verfolgte. Den Gesetzen der Konspiration folgend, wussten sie nichts, nur, dass »irgendetwas« geschehen würde – und wenn sie etwas Verdächtiges sehen sollten, z. B. Polizei oder SA-Männer, die sich irgendwo versteckten, dann sollten sie sich trennen und weggehen. So würde Weinzierl bei

26

der Annäherung an die Stadthalle auf einen Blick feststellen können, ob die Luft rein war oder nicht – ohne dass einer der Helfer sein Gesicht kannte.

### Mittwoch, 15. Februar 1933, 19.00 Uhr, Hotel Hospiz Viktoria

Immer mehr Menschen waren in der letzten halben Stunde vor das Hotel Viktoria gekommen, die Polizei musste den Verkehr umleiten. Die SA-Leute hatten begonnen, Fackeln zu verteilen, jetzt wurden sie angezündet. Dann setzten sich die mehreren Hundert Menschen in Richtung Marktplatz in Bewegung, wo ab 20.00 Uhr über Großlautsprecher die Hitlerrede übertragen werden sollte. Ein SA-Trupp stimmte das Horst-Wessel-Lied an:

Die Fahne hoch!
Die Reihen fest geschlossen!
SA marschiert
Mit ruhig festem Schritt,
Kam'raden, die Rotfront und Reaktion erschossen,
Marschier'n im Geist
In unser'n Reihen mit …

Unter den Marschierern waren auch zwei, die mit Hitler nichts am Hut hatten: Hans Ruess und Willi Bohn. Das Hotel war ihre zweite Beobachtungsstation an diesem Abend, besorgt registrierten sie das gewaltige Anwachsen der Menschenmenge.

Die größte Überwindung kostete es sie, in dem begeisterten braunen Haufen einigermaßen neutral zu wirken – »jetzt bloß nicht auffallen«, hämmerte es in ihren Köpfen, mechanisch bewegten sie ihre Lippen, während um sie herum lauthals mitgesungen wurde:

27

Die Straße frei
Den braunen Bataillonen
Die Straße frei
Dem Sturmabteilungsmann!
Es schau'n aufs Hakenkreuz
Voll Hoffnung schon Millionen
Der Tag der Freiheit
Und für Brot bricht an …

## Mittwoch, 15. Februar 1933, 19.30 Uhr, Stuttgart-Ost, Schönbühlstraße 78 (damals Lehmgrubenstraße 72)

Es hatte Theodor Decker viel Überzeugungsarbeit gekostet, seine Familie zu einem Spaziergang zu überreden. »Aber Theo, es ist doch gleich acht, die Buben müssen ins Bett«, hatte seine Frau protestiert, aber Decker hatte darauf bestanden: »Nicht lange, nur ein bisschen durchs Viertel spazieren.«

Jetzt gingen sie über den Ostendplatz, wo Decker immer wieder nach links und rechts grüßte, immer wieder blieb er stehen und wechselte belanglose Bemerkungen mit Nachbarn, die ihm sonst gerade ein schnelles »Grüß Gott« wert waren.

Außerdem schaute er immer wieder auf die Uhr. Gertrud registrierte, dass er unruhig war – hatte es damit zu tun, dass Hitler in der Stadt war? Sie beschloss, nicht nachzufragen, zum einen würde er ihr eh nichts sagen, zum anderen wollte sie die gute Stimmung nicht zerstören, denn der achtjährige Hans genoss es sichtlich, einmal mitten unter der Woche über die Stränge schlagen zu dürfen. Und Werner, das ein Jahr alte Baby, lag friedlich im Korbkinderwagen und schlief.

## Mittwoch, 15. Februar 1933, 19.30 Uhr, Stuttgart, Stadthalle

Eineinhalb Kilometer Luftlinie entfernt: Immer mehr Menschen schoben sich in die Stadthalle, die Kartenabreißer hatten alle Hände voll zu tun, ebenso wie die SA-Leute, die jeden Besucher streng taxierten und immer wieder einen herauswinkten, um ihn zu durchsuchen. Vor nicht einmal zwei Wochen hatte Reichspräsident Hindenburg ja die »Verordnung des Reichspräsidenten zum Schutze des deutschen Volkes« erlassen, die den Linken Versammlungen unter freiem Himmel ebenso wie die Nutzung des neuen Massenmediums Rundfunk untersagte. Jetzt rechnete man mit Racheakten – deshalb hatte jeder der Kontrollierten großes Verständnis für die »Schutzmaßnahmen«, es gab jedenfalls keinerlei Proteste, wenn Frauen ihre Handtaschen öffnen und Männer ihre Hosentaschen leeren mussten.

Aus den Lautsprechern dröhnte Marschmusik: »Preußens Gloria«, der »Gammeljägermarsch«, der »Königgrätzer Marsch«, zielgerichtet begannen die Veranstalter die Stimmung zu manipulieren: Der »Führer« in Stuttgart – und gleich würde er leibhaftig dort oben am Rednerpult erscheinen – das Publikum schaukelte sich immer weiter hoch ... noch eine halbe Stunde ... noch 25 Minuten, noch 20 Minuten ...

## Mittwoch, 15. Februar 1933, 19.45 Uhr, Stuttgart-Ost, Sickstraße

Die vier waren nach einigen Trennungen und erneuten Treffen schließlich die Sickstraße heruntergekommen – im Strom der Menschen, die immer noch zur 200 Meter entfernten Stadthalle drängten, fielen sie nicht auf. Vor der Heilandskirche schließlich hielten sie an, Weinzierl versuchte, in dem Gewirr von Köpfen das küssende Pärchen auszumachen ... Gott sei Dank, da waren sie – alles in Ordnung. Die vier taten so, als würden sie sich voneinander verabschieden, zwei – Däuble und Bräuninger – gingen die Schwarenbergstraße hoch, vor-

29

bei an der modernen Inneren Klinik des Karl-Olga-Krankenhauses. Weinzierl und Medinger gingen mit dem breiten Strom die Sickstraße weiter hinunter, an deren Ende die Stadthalle lag – ihnen wurde etwas mulmig, immerhin trug Medinger ein Beil unter seinem Mantel, aber er bestand darauf, noch einmal zu schauen, ob alles unverdächtig sei. Erst danach würden sie sich über Umwege dem Ort nähern, an dem sie zuschlagen würden …

**Mittwoch, 15. Februar 1933, 20.00 Uhr,**
**Stuttgart, Tübinger Straße 17, Restaurant und Café »Reichshof«**

Sowohl die Bezeichnung »Café« als auch die als »Restaurant« führten beim »Reichshof« in die Irre. Die Gaststube im Erdgeschoss des mächtigen Gründerzeithauses war im Stil eines bayerischen Bräustüberls gehalten, ein mächtiges, von mehreren Pfeilern gehaltenes Gewölbe überspannte die blank gescheuerten Tische. Weil das Ensemble so schön an München, die Stadt der Bewegung, erinnerte, war der »Reichshof« ein beliebter Treffpunkt für die Stuttgarter Nazis, im hinteren Saal hielt die NSDAP-Ortsgruppe Stuttgart ihre Sitzungen ab.

*Heutige Ansicht des ehemaligen »Reichshof«, Tübinger Straße 17, Stuttgart*

An jedem anderen Tag hätten Hans Ruess und Willi Bohn einen großen Bogen um das braune Wirtshaus gemacht, heute dagegen hatten sie es gezielt angesteuert – aus zwei Gründen. Erstens: An so einem

30

Tag würden das ganze braune Gesocks auf dem Marktplatz sein. Zweitens: Selbstverständlich würde der Wirt das Radiogerät in die Gaststube stellen, um seine Gäste mit der Hitlerrede zu unterhalten.

### Mittwoch, 15. Februar 1933, 20.10 Uhr, Stetten im Remstal, Obergass, Wohnhaus von Hermann Medinger

»Oh, gleich viertel neun …« Berta Medinger eilte aus ihrer Küche ins Wohnzimmer und machte das Radiogerät an. Während das Röhrengerät sich langsam erwärmte, machte sie es sich mit einer Tasse Kräutertee bequem. Keine Ahnung, warum ihren Mann die Hitlerrede nicht interessierte, sonst hatte es Hermann mit politischen Sachen doch immer so wichtig. Er wollte zum Kartenspiel zu Freunden, hatte er gesagt … an so einem Tag … Berta schüttelte verständnislos den Kopf, das Radio begann leise zu rauschen …

### Mittwoch, 15. Februar 1933, 20.15 Uhr, Stuttgart, Stadthalle

In der Stadthalle erreichte die Stimmung einen ersten Höhepunkt: Unter vieltausendfachem »Sieg Heil« war Joseph Goebbels zum Rednerpult geschritten und hatte zu einer kurzen Rede angehoben. Mit leuchtenden Augen sahen die Besucher zu dem Mann hoch, der sich – ständig die rechte Hand zur Faust ballend und schüttelnd – immerwährend von der einen Seite zur anderen drehte, als wolle er auch dem letzten Besucher tief in die Augen blicken. Wer ihn so hörte, konnte sich nicht vorstellen, durch welches Tief der »Reichspropagandaleiter« gerade ging. Er hatte fest damit gerechnet, nach der Wahl Hitlers zum Reichskanzler Kultusminister zu werden – aber nichts war geschehen. Nach einigen nächtlichen Gesprächen hatte der »Führer« ihm dann den Posten eines Propagandaministers versprochen – doch zuvor müssten erst die Wahlen vom 5. März gewonnen werden. Er, der unermüdliche Trommler für Hitler, der die Idee mit dem Flugzeugwahlkampf gehabt hatte, der geniale Organisator der NSDAP, ausgerechnet er fühlte sich wie der berühmte Esel, dem man eine Stange mit einer Möhre vor die Augen hielt …

Also: wieder rinn in die Bütt! Wieder fanatische Begeisterung zeigen! Wieder die Menschen aufpeitschen: »Mindestens zwei Millionen Volksgenossen werden diese Rede hören«, rief er gerade unter tosendem Jubel in den voll besetzten Saal.

### Mittwoch, 15. Februar 1933, 20.16 Uhr, Stuttgart, vor der Stadthalle

In diesem Moment bogen Eduard Weinzierl und Hermann Medinger von der Werder- in die Neckarstraße ein. Ihr Ziel: Das Haus mit der Nummer 220 – dort musste im Hinterhof das Übertragungskabel über einen Schuppen hinweggeführt worden sein …

Der Fahrplan war mehrfach durchgesprochen worden: Punkt 20.20 Uhr – die Nazis waren Pünktlichkeitsfanatiker – sollte Hitler mit seiner Rede beginnen, um 21.25 Uhr sollte er sie beenden.

### Mittwoch, 15. Februar 1933, 20.16 Uhr, Stuttgart-Gaisburg, Hornbergstraße

»Theodor, jetzt müssen wir aber wirklich heim!« Deckers Frau wurde so langsam energisch. Es war bereits stockdunkel, vor über einer halben Stunde waren sie am Ostendplatz in die Landhausstraße eingebogen, bis fast hinunter zur majestätischen Stadtpfarrkirche Gaisburg spaziert, dann hatte Theodor aber darauf bestanden, in der Hornbergstraße noch bei einer befreundeten Familie zu klingeln, um etwas Dringendes zu fragen, was sich aber dann als harmloses Geplapper entpuppte. Schließlich waren sie aber doch noch in die Wohnung hineingegangen, jetzt spielte Hans mit den Kindern der Eckerts im

32

Nachbarzimmer – die hatten zu Weihnachten eine elektrische Eisenbahn bekommen, eine Sensation für Hans. Theodor schaute auf die Wanduhr, »wir gehen gleich …«

## Mittwoch, 15. Februar 1933, 20.18 Uhr, Stuttgart, Stadthalle

Nach Goebbels war Wilhelm Murr ans Pult getreten. Keiner konnte in diesem Moment ahnen, dass der rücksichtslose Gauleiter in weniger als einem Monat württembergischer Staatspräsident sein und anlässlich seiner Vereidigung im Hof des Neuen Schlosses diese Worte sprechen würde: »Wir sagen nicht: Auge um Auge, Zahn um Zahn. Nein, wer uns ein Auge ausschlägt, dem werden wir den Kopf abschlagen.« Jetzt stand er oben, und seine immer hektischer werdende Stimme signalisierte: Nur noch wenige Augenblicke, und der »Führer« würde kommen …

## Mittwoch, 15. Februar 1933, 20.20 Uhr, Stuttgart, Neckarstraße 220

Weinzierl und Medinger hatten das rote Backsteinhaus erst von der gegenüberliegenden Straßenseite aus beobachtet, überquerten dann die Neckarstraße, um einmal – unauffällig plaudernd – an der Einfahrt vorbeizuspazieren. Nachdem sie nicht Verdächtiges gehört und gesehen hatten, betraten sie die dunkle Einfahrt, die zum Hof führte. Schemenhaft sahen sie den Schuppen, der sich an die Rückwand des Hauses lehnte – dort oben musste das Übertragungskabel verlaufen. »Los, gib mir den Steigbügel, i gang nauf.« Weinzierl hielt die gefalteten Hände vor den Bauch, und Medinger zog sich an der Dachrinne hoch. Als er auf dem flachen Dach des Holzschuppens stand, sah er das Kabel sofort: Es lag – mit Wachsband befestigt – in einigen großen Eisenhaken, die in die Hauswand geschlagen worden waren.

33

»Aber wart' noch ein paar Minuten, dass er auch sicher agfange hat«, raunte ihm Weinzierl von unten zu, Medinger nickte und ließ das Beil wieder unter seinem Mantel verschwinden. In diesem Augenblick traf ihn der Lichtkegel: »Was machen Sie da oben? Sofort runterkommen!«

**Mittwoch, 15. Februar 1933, 20.22 Uhr,<br>Stuttgart, Stadthalle**

Der frischgebackene Kanzler war auf die Minute pünktlich auf dem Podium erschienen – zunächst war an einen Beginn der Rede nicht zu denken. Der Begeisterungssturm war zu einem Orkan angewachsen; Die Zehntausend brüllten wild durcheinander, an jeder Ecke versuchte eine andere Gruppe braun gekleideter SA-Leute, Sprechchöre durchzusetzen – vergeblich. Immer energischer wurden die mäßigenden Handbewegungen Hitlers, dann beruhigten sich die Zuhörer so weit, dass er beginnen konnte:

»Deutsche Volksgenossen und -genossinnen!

Wenn in einem Volke sich eine ganz tiefe und große Umwälzung vorbereitet, dann kann es niemand wundernehmen, wenn die Kräfte des Vergangenen sich dagegen wenden. Ein überwundenes System rückt nicht gerne still von der politischen Bühne ab, zumal es weiß, dass es ein Zurückkehren nimmer wieder gibt.

Was wir jetzt beobachten, sind die letzten Regungen eines Staats …«

**Mittwoch, 15. Februar 1933, 20.22 Uhr,<br>Stuttgart, Neckarstraße**

»I werd doch wohl noh mei Mensch bsucha dürfa …« Medinger spielte die Rolle des Verständnislosen so überzeugend, dass Weinzierl innerlich den Hut zog. Die beiden standen – von Taschenlampen an-

34

geleuchtet – vor einem Postbeamten in Uniform und einem SA-Mann. Medinger hatte sich nach ihrer Entdeckung blitzschnell gefangen und den Wachleuten eine sehr glaubhafte Geschichte serviert: Von der kleinen blonden Anna im ersten Stock, mit der er etwas hatte, vom Vater, der davon nichts wissen durfte, und wie er mit ihr ausgemacht hatte zu fensterln, während der Vater vor dem Radio saß und dem Hitler zuhörte. »Und warum seid ihr dann zu zweit?«, hatte der SA-Mann noch misstrauisch gefragt. »Weil i sonschd net aufs Dach komma wär«, meinte Medinger, »oder soll i nachts mit ner Leider durch die Gegend laufa?«

Schließlich sprach der Postler die erlösenden Worte: »Verschwindet. Und lasst euch hier nicht mehr blicken!«

Die beiden zögerten nicht eine Sekunde.


**Mittwoch, 15. Februar 1933, 20.35 Uhr, Stuttgart, Tübinger Straße 17, Restaurant und Café »Reichshof«**


Es war doch noch voll geworden. Mit ungefähr fünfzig anderen Gästen saßen Hans Ruess und Willi Bohn in der großen Gaststube und hörten der Hitlerrede zu. Sie versuchten, neutral zu wirken, spendeten – um nicht aufzufallen – höflichen Beifall, wenn auch die anderen Gäste applaudierten. In ihrem Inneren stieg die Spannung ständig, immer häufiger wanderten ihre Blicke zu der großen Standuhr neben dem Tresen.

Gerade begann Hitler seine Abrechnung mit Eugen Bolz, der ihm ein besonderer Dorn im Auge war, weil der Anhänger der katholischen Soziallehre einer der maßgeblichen Männer des Zentrums gewesen war, die die Unterstützung der neuen Hitlerkoalition entschieden abgelehnt hatten – darum die Neuwahlen. Und darum war Hitler hier.

»Herr Staatspräsident Bolz«, ereiferte er sich, »ist der Meinung, dass unsere Bewegung zwölf Jahre lang nichts getan hat als Phrasen von sich zu geben. Nun, zwölf Jahre haben ja nicht wir regiert, sondern die Partei des Herrn Staatspräsidenten. In diesen zwölf Jahren blieb uns zunächst gar nichts anderes übrig, als zu reden. Es lag ganz bei diesen Herren, uns schon früher die Möglichkeit zu geben, durch Taten unsere Fähigkeit zu beweisen.«

**Mittwoch, 15. Februar 1933, 20.35 Uhr,**
**Stuttgart, Champignystraße, Gaststätte Dobler**

Nach ihrem Fehlschlag waren Weinzierl und Medinger die Neckarstraße entlang Richtung Stöckach geeilt. Nach 200 Metern, an der Champignystraße, blieben sie stehen und schauten sich mehrfach um. Nachdem sie sicher waren, dass ihnen keiner gefolgt war, betraten sie das »Dobler«, eine für dieses Viertel typische Arbeitergaststätte in einem Eckhaus. Wie verabredet saßen Futterknecht und die beiden anderen, Däuble und Bräuninger, an zwei weit auseinanderliegenden Tischen, damit niemand, der das Lokal betrat, sie miteinander in Verbindung bringen würde – alles brave Arbeiter, die ihren Feierabend genossen. Futterknecht saß – um bei Bedarf sofort einen Fluchtweg zu haben – an einem kleinen Tisch neben dem Toilettenausgang und las das »Neue Stuttgarter Tagblatt«. Medinger und Weinzierl setzten sich an den Nebentisch und verlangten ein kleines Bier.

Nachdem sie ihre Bestellung bekommen hatten, legte Futterknecht die Zeitung weg und setzte sich zu ihnen. »Und?«, fragte er leise und hörte dann schweigend Weinzierls Bericht zu.

**Mittwoch, 15. Februar 1933, 20.40 Uhr, Stetten im Remstal,**
**Obergass, Wohnhaus von Hermann Medinger**

Berta Medinger ließ ihr Strickzeug sinken. Die vergangenen Minuten hatten sie nicht allzu sehr interessiert, doch jetzt kam Hitler auf sie und ihresgleichen zu sprechen:

36

»Wir sind überzeugt, dass die Gesundung unseres Volkes ausgehen muss von der Gesundung des Volkskörpers selbst, und wir sind durchdrungen von der Erkenntnis: Die Zukunft unseres Volkes liegt genauso wie unsere Vergangenheit zunächst im deutschen Bauern. Wir wollen dem deutschen Bauern helfen, so wie wir dem deutschen Arbeiter helfen wollen …«

## Mittwoch, 15. Februar 1933, 20.59 Uhr, Stuttgart, Werderstraße 14

Weinzierl und Medinger fielen nicht auf, als sie auf die Einfahrt der Werderstraße 14 zugingen. Ständig spazierten Passanten an diesem Straßenstück gegenüber der Stadthalle auf und ab, um so wenigstens etwas von der Atmosphäre des Kanzlerbesuchs mitzubekommen, einige von ihnen riefen begeisterte Parolen in Richtung Stadthalle.

Zusammen mit Futterknecht hatten sie sich eine neue Strategie zurechtgelegt: Jetzt wollten sie in der Werderstraße zuschlagen. Das Übertragungskabel durchlief von der Stadthalle die Werderstraße unterirdisch, kam in der Einfahrt von Nummer 14 wieder nach oben und verlief an zwei Fassaden entlang auf drei bis vier Metern Höhe, bevor es wieder im Boden verschwand. Jetzt waren beide Teams, Medinger/Weinzierl und Bräuninger/Däuble, unterwegs, um einen Zugang dazu zu finden.

Doch Mist! Als Medinger und Weinzierl die Einfahrt passierten, sahen sie die beiden Wachen, wie in der Neckarstraße ein Postler und ein SA-Mann. Sie lehnten lässig am Tor eines Holzzauns, der auf der Hälfte des Durchgangs die Hofeinfahrt versperrte.

Schnell gingen Medinger und Weinzierl weiter, gaben den beiden anderen auf der anderen Straßenseite durch eine knappe Geste zu verstehen, dass sie sie weiter oben in der Werderstraße kurz sprechen wollten – in Sichtweite des küssenden Pärchens.

### Mittwoch, 15. Februar 1933, 21.10 Uhr, Stuttgart, Tübinger Straße 17, Restaurant und Café »Reichshof«

»Wir wollen unsere christliche Kultur wieder mit christlichem Geiste erfüllen, nicht nur in der Theorie, nein, ausbrennen wollen wir die Fäulniserscheinungen unseres Theaters, unserer Literatur [Beifall], ausbrennen wollen wir dieses ganze Gift, das in diesen 14 Jahren in uns hineingeflossen ist …«

Seit Minuten schon hörten Hans Ruess und Willi Bohn gar nicht mehr hin, gegen wen Hitler alles hetzte. Jetzt sprach er schon fast eine Stunde. Immer wieder schauten sie zur Uhr – was war passiert?

### Mittwoch, 15. Februar 1933, 21.13 Uhr, Stuttgart, Werderstraße 14

Auch den vieren war klar, dass die Zeit ihnen davonlief. Nachdem ihnen Weinzierl kurz den neuen Plan erläutert hatte, waren sie sofort losgegangen, hinunter in Richtung Neckarstraße, und hatten oberhalb der bewachten Nummer 220 einen Zugang zum Hinterhof der Häuserzeile gefunden. Jetzt schlichen sie sich langsam von hinten an den Bretterzaun der Werderstraße 14 an, wobei sie mehrere Zäune von Gemüsegärtchen übersteigen mussten. Je näher sie kamen, umso vorsichtiger und leiser bewegten sie sich – bloß jetzt kein verdächtiges Geräusch machen

Schon hörten sie die leise Unterhaltung der beiden Wachen auf der anderen Seite des Bretterzauns.

### Mittwoch, 15. Februar 1933, 21.14 Uhr, Stuttgart, Stadthalle

Hitler war wieder zu seinem Stuttgarter Lieblingsthema zurückgekehrt und erging sich in wüsten Beschimpfungen des württembergi-

38

schen Staatspräsidenten – Eugen Bolz schien einfach an allem schuld zu sein: »In 14 Jahren habt ihr eure Unfähigkeit demonstriert, vom Versailler Vertrag ab über verschiedene Abkommen bis zum Dawes- und Youngplan. Für diesen Plan ist auch Herr Bolz eingetreten, während ich ihn immer bekämpft habe.«

Und gleich darauf brüllte er in die Halle: »Es hat sich ausgebolzt!!!«

*Eugen Bolz vor dem Volksgerichtshof*

## Mittwoch, 15. Februar 1933, 21.15 Uhr, Stuttgart-Ost, Schönbühlstraße 78

Theodor Decker schloss die Wohnungstür auf: Es war spät geworden. Für den kleinen Werner war das kein Problem, er schlief tief und fest in seinem Wägelchen. Aber Hans war auf dem langen Heimweg durch den kalten Osten immer quengeliger geworden. Aber jetzt waren sie ja da. Gertrud verschwand mit dem todmüden Hans im Badezimmer, Theodor machte das Radiogerät an. Während er hörte, wie Hans mit dem Zahnputzwasser gurgelte, war die Röhre warm geworden. Und

39

was er hörte, raubte ihm für einen Moment die Fassung: »Nun, deutsches Volk, appelliere ich an dich! Du hast den anderen 14 Jahre Zeit gegeben! Nun gib mir vier Jahre!«

## Mittwoch, 15. Februar 1933, 21.16 Uhr, Stuttgart, Werderstraße 14

Däuble und Medinger waren zu dem Holzzaun geschlichen und standen nun mit dem Rücken dazu, die Hände zu Steigbügeln gefaltet. Weinzierl und Bräuninger hatten jeweils ihren rechten Fuß auf den Tritt gesetzt – noch ein-, zweimal leise durchatmen, sie blickten sich an, Weinzierl nickte mit dem Kopf: Dann zogen sie sich brüllend über den Zaun und stürzten sich auf die beiden Wachleute, die vor lauter Schreck zunächst überhaupt nicht reagieren konnten.

Doch das änderte sich schnell, nachdem sie von den beiden mit einem Hagel an Schmähungen und Beleidigungen überschüttet wurden. Wutverzerrt warfen sich nun die beiden Wachen auf die Angreifer, ein kurzes, heftiges Handgemenge begann, aus dem sich Weinzierl und Bräuninger losrissen. So schnell sie konnten, flüchteten sie aus der Hofeinfahrt, von den beiden schäumenden Wächtern verfolgt.

Das war der Moment, in dem die beiden anderen handelten. Rasch kletterten sie über den Zaun, Medinger stellte sich unter die Wand, an der das Kabel verlief, und sagte: »Da kommsch' du nur ran, wenn du mir ganz auf die Schultern steigst.« Fünf Sekunden später stand Däuble schwankend auf den Schultern des ächzenden Medinger. Ein schneller Hieb. Und dann noch einer ...

40

## Mittwoch, 15. Februar 1933, 21.17 Uhr, Stetten im Remstal, Obergass, Wohnhaus von Hermann Medinger

»… geschwächt, zum Teil verzerrt, so dass auch hier ein Erfol…« – und dann plötzlich: Stille. Nur noch ein leises Rauschen kam aus dem Radiogerät der Medingers. Berta legte das Strickzeug weg, ging hinüber zu dem Gerät und begann, leicht gegen die Seiten zu klopfen – nichts. Dann hob sie das Radio an, schüttelte es ein wenig – immer noch nichts. »Erfolg« hatte Hitler gerade sagen wollen – doch das »g« war nicht mehr über den Sender gegangen. Lag es an ihrem Radio? Das war doch erst wenige Monate alt. Das wollte Berta jetzt doch genau wissen. Sie zog sich rasch einen Mantel an, ging hinaus auf die Straße und klingelte beim Nachbarn – doch auch dort hatte die Übertragung mitten im Wort aufgehört.

## Mittwoch, 15. Februar 1933, 21.18 Uhr, Stuttgart, Tübinger Straße 17, Restaurant und Café »Reichshof«

Hans Ruess und Willi Bohn hatten alle Energie aufbringen müssen, um sich ihre Erleichterung nicht anmerken zu lassen. Während um sie herum die Gäste über die technische Unzulänglichkeit des neuen Mediums Rundfunk diskutierten, bezahlten sie, nahmen sich ihre Aktentaschen und verließen zügig das Lokal.

Die anderen hatten ihren Auftrag erfüllt, nun waren sie dran.

## Mittwoch, 15. Februar 1933, 21.19 Uhr, Stuttgart, Werderstraße 14

Schwer atmend kamen die Posten von ihrer erfolglosen Verfolgungsjagd zurück und nahmen – nichts ahnend – ihre Position wieder ein.

41

## Mittwoch, 15. Februar 1933, 21.19 Uhr, Stuttgart, Stadthalle

Da die Attacke dem Übertragungskabel und nicht der Saalanlage gegolten hatte, hatte Hitler von dem Sabotageakt nichts mitbekommen. Seine Rede war sowieso kurz vor dem Ende gewesen – wenige Minuten später, um 21.25 Uhr, verließ er unter dem Jubel seiner Anhänger das Podium. Sofort wurde er von Goebbels über den Ausfall der Rundfunkübertragung informiert. Inzwischen wussten die Techniker zumindest schon eines: Ein technischer Fehler war das nicht, es musste eine andere Ursache geben.

## Mittwoch, 15. Februar 1933, 21.20 Uhr, Stetten im Remstal, Obergass, Wohnhaus von Hermann Medinger

Medingers Frau war nach ihrer Recherche bei den Nachbarn erleichtert: Das neue Radiogerät war Gott sei Dank nicht kaputt. So nahm sie die Stimme des Ansagers nur noch mit halbem Ohr zur Kenntnis: »Die Übertragung ist im Augenblick gestört!«

## Mittwoch, 15. Februar 1933, 21.25 Uhr, Stuttgart, Gaststätte Dobler

Die vier hatten sich getrennt und waren auf unterschiedlichen Wegen wieder zu der Gaststätte in der Champignystraße zurückgekehrt. Nachdem sie festgestellt hatten, dass keiner von ihnen geschnappt worden war und Weinzierl das Beil unter einem Gebüsch versteckt hatte, trennten sie sich erneut – sie wollten sich unter den Strom der Besucher mischen, die inzwischen die Stadthalle verlassen hatten.

42

## Mittwoch, 15. Februar 1933, 21.30 Uhr, Stuttgart, Marktplatz

*Rathaus Stuttgart um 1907*

Ruess und Bohn waren vom Reichshof zum Marktplatz geeilt, um einen Eindruck davon zu bekommen, wie die Versammlung auf die Unterbrechung der Hitlerrede reagierte. Zu ihrer Überraschung war die Stimmung entspannt, Musik hatte inzwischen eingesetzt. Und wenige Augenblicke nach ihrem Eintreffen begann – programmgemäß – ein großes Feuerwerk. Mit dem Ruf »Stuttgart ist erwacht« endete die Kundgebung, die SA-Leute begannen, sich wieder in einem Fackelzug zu formieren, und verließen den Marktplatz.

Keiner der Marschierer nahm so die neueste Durchsage des Rundfunksprechers zur Kenntnis: »Die Rede des Führers und Reichs-

43

kanzlers kann nicht weiter übertragen werden. Sabotage macht das unmöglich. Weitere Mitteilungen erfolgen nach der sofort aufgenommenen Untersuchung.«

Die entspannte Atmosphäre hatte Ruess und Bohn alarmiert: Die Zuhörer auf dem Marktplatz schienen die Aktion gar nicht zur Kenntnis genommen zu haben! War die Attacke zu spät gekommen? Hatte man Hitler zu lange reden lassen? Jetzt musste die Flugblattaktion umso effektiver sein – es musste einer breiten Öffentlichkeit klargemacht werden, dass Hitler hier gedemütigt worden war und dass der lange Arm der Arbeiterschaft dafür verantwortlich war.

Schnell gingen die beiden zur Haltestelle am Charlottenplatz, um die nächste Straßenbahn nach Heslach zu erwischen. Den Text des Flugblatts hatten sie zwar bereits im Kopf, allerdings mussten sie im Gehen aufgrund der Ereignisse doch noch einige Textstellen umformulieren.

### Mittwoch, 15. Februar 1933, 22.15 Uhr, Stuttgart, Friedrichstraße 28, Hotel Hospiz Viktoria

Hitler war sofort nach Beendigung seiner Rede in den Wagen gestiegen und hatte sich zu seinem Hotel zurückfahren lassen.

»Da wir in der Nacht nicht zurückfliegen können, lasse ich gleich die verantwortlichen Herren vom Rundfunk im Hotel antanzen und geige ihnen die Meinung in einer Art und Weise, dass ihnen Hören und Sehen vergeht«, schrieb Josef Goebbels in sein Tagebuch.

Die »verantwortlichen Herren«, das waren der Staatskommissar für den Süddeutschen Rundfunk, Oberregierungsrat Vögele (Zentrum), und der »Gaufunkwart« der NSDAP in Württemberg und Baden, Kapitän Werder. Die beiden wurden von einem tobenden Goebbels im Hotel Viktoria empfangen, doch gelang es ihnen sehr schnell, die Unschuld der Funkverantwortlichen nachzuweisen, da man inzwischen das durchtrennte Kabel entdeckt hatte. Goebbels unterrichtete Hitler

44

und kündigte an, dass von Berlin aus eine Untersuchung wegen der ungenügenden Bewachung des Kabels geführt werden würde.

## Mittwoch, 15. Februar 1933, 22.15 Uhr, Stuttgart

Zur selben Zeit begannen in der Stadtmitte bereits Durchsuchungen in Kommunistenlokalen, erste Verhaftungen fanden statt. In der Esslinger Straße kam es zu einer Auseinandersetzung zwischen SA und Hitlergegnern, bei der auch Schüsse fielen.

## Mittwoch, 15. Februar 1933, 22.30 Uhr, Stuttgart, Siedlung »Eiernest«, Liebigstraße 35

Das Stuttgarter »Eiernest« war eine der sozialen Großtaten Stuttgarts gewesen. 1926 hatte die Stadtverwaltung im Viertel entlang der Eier-, Schreiber- und Liebigstraße 176 Einfamilienhäuser für städtische Arbeiter und Angestellte bauen lassen. Die kleine Siedlung folgte der englischen »Gartenstadt«-Idee, die eine Reaktion auf die zunehmende Verwahrlosung von Arbeitersiedlungen in Großstädten war. Das Ziel der sozialreformerischen Bewegung war ein doppeltes: Zum einen sollte auch der Arbeiterschicht gesunder Wohnraum mit einem eigenen Garten ermöglicht werden, zum anderen wollte man der Grundstücksspekulation Einhalt gebieten, indem der Grund und Boden in Gemeineigentum verblieb und den Bewohnern so – über eine Genossenschaftsstruktur – eine kostengünstige Miete garantiert werden konnte.

Nach diesem Vorbild hatte auch jedes der Häuschen einen winzigen Vorgarten hinter einem weiß lackierten Holzzaun, auf der Rückseite befand sich ein größerer Garten für den Obst- und Gemüseanbau, die grünen Fensterläden und die braunen Holztüren verliehen der kleinen Siedlung ein heimeliges Aussehen.

Doch hinter den einheitlich eierschalenfarben gestrichenen Fassaden ging es weit weniger gemütlich zu. Die Arbeiterbewegung hatte hier traditionell eine Hochburg, in der Liebigstraße 35 wohnte zum Beispiel Karl Maier, ein Funktionär der sozialistischen »Naturfreunde«.

Als Hans Ruess und Willi Bohn dort eintrafen, wurden sie schon ungeduldig erwartet. Maier und Emmy Ramin, eine Sekretärin der »Süddeutschen Arbeiterzeitung«, hatten in den letzten Stunden alles für die Produktion des Bekennerflugblatts vorbereitet. Rasch übertrug die Frau den Text der beiden auf eine Wachsmatrize: »Wir Antifaschisten haben Hitler das Wort entzogen!«, waren die ersten Worte. »Wir rufen alle zum gemeinsamen Widerstand gegen das Naziregime auf, gegen die faschistische Diktatur, die unser Volk in eine Katastrophe führt.«

Anschließend packte Emmy Ramin die Matrize in ihre Handtasche, setzte sich aufs Fahrrad und fuhr zu einem anderen Haus, wo mehrere Kommunisten einen Vervielfältigungsapparat aufgestellt hatten.

Nicht nur im »Eiernest« wurde um die späte Uhrzeit unter Hochdruck vervielfältigt. In allen Stuttgartern Zeitungshäusern liefen die Druckmaschinen – im Gegensatz zu den Flugblättern waren die Zeitungen aber nicht auf dem neuesten Stand: »In der Stunde, da diese Zeilen in Druck gehen, spricht der Reichskanzler noch in der Stadthalle«, hieß es in der einen Zeitung, der »NS-Kurier« hatte die ganze Rede abgedruckt – unter der Überschrift: »Hitlers Bekenntnis zum christlichen Staat.«

Erst am Freitag, 17. Februar, würden die Zeitungen den Vorfall melden: »Sabotage der Rundfunkübertragung der Hitlerrede in Stuttgart«, titelte zum Beispiel der »Völkische Beobachter«.

### Donnerstag, 16. Februar 1933, 6.30 Uhr, Stuttgart, Hotel Hospiz Viktoria

Auch für die Hitler-Entourage war die Nacht kurz gewesen: »2 Stunden Schlaf. Um 6 Uhr früh wieder aus den Federn«, schrieb Goebbels in sein Tagebuch. Einige der vielen Stuttgarter, die um diese frühe

Stunde schon wieder die Straßen bevölkerten, waren nicht auf dem Weg zur Arbeit. Sie hatten in den vergangenen Stunden mehrere Tausend Flugblätter verteilt, in Briefkästen geworfen, auf Plätzen und an Straßenbahnhaltestellen liegen gelassen. Als Hitler, nach einem schnellen Frühstück, durch die erwachende Stadt fuhr, war die Botschaft bereits in Umlauf, dass es die Kommunisten gewesen waren, die hinter dem erfolgreichen Anschlag standen, er selbst würde erst nach seiner Ankunft in Berlin von dem Flugblatt erfahren.

»Wegen eines dichten Schneegestoebers gleich auf nahezu 6000 Meter emporgestiegen. Wir alle können nur noch aus Sauerstoff-Flaschen atmen«, heißt es in Goebbels' Tagebuch. »Die meisten Mitfahrer sind grün und gelb vor Atemlosigkeit, nur der Führer bleibt unerschüttert und ist auch nicht einen Augenblick auf irgendein Behelfsmittel angewiesen.«

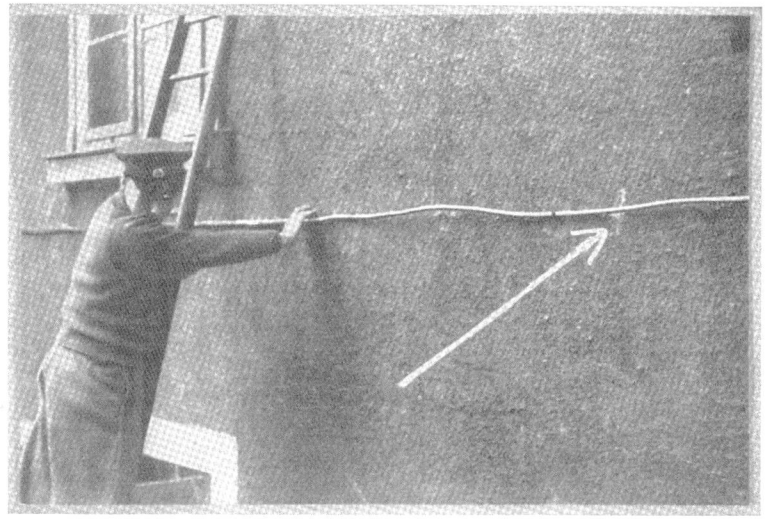

Die gestörte Übertragung der Rede des Herrn Reichskanzler Hitler
Unser Bild zeigt die Stelle im Hause Werderstr. 12 in Stuttgart, an der das Kabel mit einem Beilhieb durchschlagen wurde. Das Haus Werderstr. 12 liegt ca. 20 Meter von der Stadthalle entfernt

*Foto aus der Südfunk-Programmzeitschrift (Nr. 9, 1933), das den Ort des Kabelattentats zeigt. Die Spur des Beilhiebs ist unter dem reparierten Kabel gut zu erkennen.*

47

# Kapitel 3: Der Sturz in die Diktatur

Donnerstag, 16. Februar 1933, Nachmittag, Stuttgart, »Braunes Haus«, Sitz der NSDAP-Gau- und Kreisleitung, Goethestraße 14

*»Braunes Haus«, Stuttgart*

Die beiden Männer standen etwas abseits in dem riesigen holzgetäfelten Büro. NSDAP-Gauleiter Wilhelm Murr hatte den Chef der Gemeinderatsfraktion, Karl Strölin, zur Seite gezogen. Wie bei allen anderen, die sich zu der kurzfristig anberaumten Sitzung eingefunden hatten, gab es auch zwischen ihnen nur ein Thema: das Attentat auf die Rede des Führers. »Eine Blamage ... ausgerechnet in Stuttgart ... haben Sie eine Vorstellung davon, was das für die Stadt bedeuten kann?« Murr gab sich gar keine Mühe, das Gespräch diskret zu halten, er sprach laut, jeder, der vorbeiging, konnte die Gesprächsfetzen aufschnappen. Es war offensichtlich, dass er die Vorgänge in der Stadthalle auch als Bremse der eigenen Karriere verstand: »Wir müssen dem Führer zeigen, dass wir bedingungslos handeln und das rote Gesindel erbarmungslos beseitigen.«

Jetzt senkte er doch seine Stimme. Was er Strölin nun zu sagen hatte, war nicht für jedermanns Ohren bestimmt: »Ich habe Anweisungen aus Berlin erhalten«, raunte er. »Jetzt schon?«, staunte Strölin. »Ja, der Führer ist schnell. Er hat Göring angewiesen – sofern sie noch nicht existieren –, Adresslisten von allen Kommunisten und Sozis anlegen zu lassen – Gemeinderat, Landtag, Gewerkschaften, Betriebsräte – alles!«

»Bis wann?«

»Hören Sie, Strölin: Stuttgart hat diesen schändlichen Vorfall nicht verhindern können. Das wird uns kein zweites Mal passieren. Ab jetzt wird Stuttgart vornedran sein. Ich erwarte, Berlin als einer der Ersten im Reich Bericht erstatten zu können!«

»Verstehe. An die Arbeit!«

»An die Arbeit!«

»Heil Hitler!«


### Freitag, 17. Februar 1933, Berlin, Reichstagspräsidentenpalais

Hermann Göring lehnte sich zufrieden zurück. Nachdem ihn die Nachricht von den Stuttgarter Vorkommnissen erreicht hatte, war er zunächst außer sich gewesen.

Doch sehr schnell hatte er die Chance erkannt, die darin lag: Die Aktionen des Gegners so zu drehen, dass sie am Ende auf ihn selbst zielten. Und dann erbarmungslos zuzuschlagen. So wie in den Luftkämpfen über der Marne damals, Mann gegen Mann – keine Emotionen zeigen, sondern eiskalt reagieren. Und vor allem: schneller als der in der anderen Pilotenkanzel.

Einen wichtigen Schritt hatte er gerade getan. Er hatte den »Runderlass über die Förderung der nationalen Bewegung« unterschrieben. Sehr bald würde die Anordnung nur noch »Schießerlass« genannt

49

werden, weil er die – zunächst nur preußische – Polizei dazu verpflichtete, bei Zusammenstößen »mit allen Mitteln« gegen NS-Gegner vorzugehen und dabei jeden »Anschein einer feindlichen Haltung« gegen Mitglieder von SA und Stahlhelm zu vermeiden.

Göring war – neben Frick – der zweite NSDAP-Minister in Hitlers Kabinett. Während Wilhelm Frick das Innenministerium bekommen hatte, war Göring »nur« Reichsminister ohne Geschäftsbereich, Reichskommissar für das preußische Innenministerium und Reichskommissar für Luftfahrt. Allerdings hatte er, da die NSDAP schon bei den Wahlen von 1932 stärkste Partei geworden war, auch noch das Amt des Reichstagspräsidenten inne. Und der residierte in einem Gebäude schräg gegenüber dem Osteingang zum Reichstag, was den großen Vorteil bot, dass er es nicht weit hatte, um an seinen Arbeitsplatz zu kommen – ein Umstand, der in den kommenden Tagen noch eine Rolle spielen sollte.

Dennoch: Die Zusammenarbeit mit Frick war effizient. Schon gestern, keine 24 Stunden nach Stuttgart, hatten die beiden alle Polizeidienststellen und Parteiorganisationen angewiesen, die »Schutzhaftlisten« auf den neuesten Stand zu bringen.

Beim nächsten Mal wollten sie besser vorbereitet sein. Und dieses »nächste Mal« sollte keine zwölf Tage auf sich warten lassen.

### Montag, 27. Februar 1933, 21.08 Uhr, Berlin, Platz der Republik

Mehrere Leute waren an diesem stürmischen Abend vor dem Reichstag unterwegs, unter anderen: der junge Schriftsetzer Werner Thaler, der Theologiestudent Hans Flöter und das Ehepaar Neusser.

Sie alle würden in den nächsten Minuten Augenzeugen eines Vorfalls werden, der nicht nur Deutschland, sondern die gesamte Welt verändern sollte.

Thaler hörte ein Klirren, das Brechen einer Fensterscheibe, und sah eine Person, die gerade dabei war, durch ein Fenster neben der

50

Auffahrt in das Reichstagsgebäude einzusteigen. Und er nahm – wie er später bei der Vernehmung angab – schemenhaft noch eine zweite Person wahr, im Hauptgeschoss auf einem Balkon.

Auch die Neussers gaben bei ihrer Vernehmung an, zwei Personen gesehen zu haben.

Hans Flöter, der in die Richtung gelaufen war, aus der das Klirren gekommen war, berichtete nur von einer Person.

Ein herbeigerufener Polizist betätigte anschließend den Feuermelder in der Moltkestraße, um 21.14 Uhr ging der Alarm bei der Feuerwehr ein. Zwischen 21.18 Uhr und 21.19 Uhr trafen zwei Löschzüge am Reichstag ein.

Um kaum eine Episode der Geschichte des Dritten Reichs wurde unter Historikern so erbittert gestritten wie um den Hintergrund dieses Brands. Gesichert ist nur: Es war Brandstiftung.

Aber: War das wirklich nur ein verwirrter Einzeltäter? Oder war die Brandstiftung ein braunes Kommandounternehmen, organisiert von höchster Stelle?

Wie sicher war die NSDAP, dass das Ergebnis bei der anstehenden Reichstagswahl am 5. März zu ihren Gunsten ausgehen würde? Würde Hitlers Rechnung aufgehen, dass sich die Deutschen nach sicheren Machtverhältnissen sehnten und deshalb der Rechten die Mehrheit verschaffen würden? Oder war das Bürgertum vom Straßenterror der SA-Horden so verschreckt, dass die Bereitschaft, für Hitler zu stimmen, zu bröckeln begann?

Stimmte etwa die Einschätzung der Berliner Zeitung »Der Montag Morgen«: »Wenn nicht etwas Unvorhergesehenes geschieht, kann der Kanzler die Wahlen nicht gewinnen«? War das Unvorhergesehene etwa vorgesehen, geplant?

In der Tat gibt es viele Merkwürdigkeiten, Ungereimtheiten und Gerüchte im Zusammenhang mit dem Reichstagsbrand, so …

… seien über Tage hinweg von Zeugen merkwürdige Klopfgeräusche wahrgenommen worden, die aus einem unterirdischen

Heizungstunnel stammten, der den Reichstag mit (Görings) Reichstagspräsidentenpalais verband. Wurde hier im großen Stil Brandbeschleuniger herangeschafft?;

… soll Görings Innenministerium sechs Stunden vor dem Brand an alle Polizeidienststellen Funktelegramme verschickt haben, in denen vor geplanten kommunistischen Überfällen gewarnt und als Gegenmaßnahme Schutzhaft für kommunistische Funktionäre angeordnet wurde;

… soll ein Teil der Reichstagsbediensteten an diesem 27. Februar ein bis zwei Stunden früher Feierabend bekommen haben. Warum? Um freie Bahn zu haben? Oder nur, weil Rosenmontag war?

… starben gleich mehrere Zeugen, die Entlastendes für den Angeklagten van der Lubbe und Belastendes für das NS-Regime vorbrachten, unter ungeklärten Umständen;

… verschwanden reihenweise Aussageprotokolle von Zeugen, Untersuchungsberichte und Gutachten oder spielten im Prozess einfach keine Rolle.

Die Antwort auf die zentrale Frage blieb – bis heute – umstritten: Konnte ein Einzelgänger wie Marinus van der Lubbe wirklich einen Brand dieses Ausmaßes in so kurzer Zeit entfachen?

In der SWR-Dokumentation »Neues vom Reichstagsbrand« aus dem Jahr 2003 versuchte der damalige Leiter der Berliner Feuerwehr, Albrecht Brömme, die Brandumstände nachzuempfinden. Seine wichtigsten Erkenntnisse waren:

Bei einem Brand dieser Größe liegen die Entwicklungszeiten im Bereich von ein bis drei Stunden, niemals aber im Minutenbereich. In dieser verhängnisvollen Nacht hatten aber zwischen der Entdeckung des Einbruchs und dem Eintreffen der Feuerwehr nur etwa zehn Minuten gelegen, zehn Minuten später war bereits der Plenarsaal explodiert.

Um einen Brand dieses Ausmaßes zu erzeugen, braucht man ein exakt aufeinander abgestimmtes Gemisch mehrerer Brandbeschleu-

52

niger in einer Menge, die von einem Einzelnen nicht transportiert werden könne.

War es somit glaubhaft, dass der verhaftete und später schuldig gesprochene Marinus van der Lubbe wirklich allein und ohne Hilfe gehandelt hatte? Oder hatte er – vielleicht ohne das zu wissen – die Vorarbeit eines SA-Trupps genutzt? Aber warum hatte er sich dann im Prozess nicht entsprechend verteidigt? War er – wie sein teilnahmsloses Verhalten vermuten lassen könnte – vor den Gerichtsterminen mit Psychopharmaka ruhig gestellt worden?

Eine neue Wendung erhielt der Streit im Juli 2019. Da tauchte eine eidesstattliche Erklärung eines früheren SA-Mannes auf, die jahrzehntelang unerkannt im Archiv des Hannoveraner Amtsgerichts gelagert hatte. Hans-Martin Lennings hatte bereits 1955 vor einem Notar ausgesagt, dass er in der Brandnacht den Befehl erhalten hätte, Marinus van der Lubbe zum Reichstag zu bringen. Dort sei ihm bereits bei der Ankunft Brandgeruch aufgefallen.

Wenn diese Aussage der Wahrheit entspricht, dann wäre zum ersten Mal die Beteiligung der SA an den Vorgängen um die Brandstiftung dokumentiert.

Jedenfalls schien das, was nach dem Reichstagsbrand geschah, von langer Hand vorbereitet. Die Verhaftungen, die bereits in der Nacht begannen, waren nur möglich, weil die entsprechenden Listen in den Tagen nach dem Stuttgarter Kabelattentat aktualisiert worden waren. Bereits am Morgen nach dem Brand legte Innenminister Wilhelm Frick (NSDAP) die »Verordnung zum Schutz von Volk und Staat« vor, die unter dem Namen »Reichstagsbrandverordnung« noch heute als der Anfang vom Ende der ersten Demokratie auf deutschem Boden gilt. Einstimmig wurde sie vom Kabinett verabschiedet und am Nachmittag des 28. Februar von Reichspräsident Paul von Hindenburg unterzeichnet. Damit wurde die Verhaftungswelle, die in der vorangegangenen Nacht begonnen hatte, nachträglich legitimiert: Wer als kommunistischer Funktionär jetzt noch nicht verhaftet war, war auf der Flucht.

In dieser innenpolitischen Stimmung fand am 5. März 1933 die Reichstagswahl statt. Die NSDAP errang 43,9 % der Stimmen – und damit nicht die erwartete absolute Mehrheit. Damit blieb Hitler nur durch die ungeliebte Koalition mit der rechtslastigen DNVP an der Macht. Aber Hitler setzte in den nächsten Tagen durch, dass alle KPD-Mandate annulliert wurden – so konnte er schon jetzt agieren, wie er wollte. Mit einer Einschränkung: Er konnte die Verfassung nicht ändern, denn dazu hätte er eine Zweidrittelmehrheit gebraucht.

## Samstag, 11. März 1933, 8.00 Uhr, Stuttgart, »Hotel Silber«

»Ihnen ist ja bekannt, aus welchem Grund Sie hier sind!« Es war eine Feststellung, keine Frage. Jakob Wöger, Kriminalbeamter des »Württembergischen Politischen Landespolizeiamts«, mondgesichtig, runde, randlose Brille, Anzug, Krawatte, blätterte scheinbar gelangweilt in der braunen Akte und blickte erst, als keine Antwort kam, hoch zu seinem Gegenüber. »Ich habe Sie etwas gefragt.« Theodor Decker antwortete leise: »Ich weiß es nicht.«

»Wie? Sie wissen es nicht? Also so eine Unverschämtheit!«, Wögers Bass schwoll dröhnend an, »sitzt hier so ein roter Dreckspatz und behauptet, nicht zu wissen, warum er hier ist – also: Warum haben wir Sie wohl heute Nacht aus dem warmen Ehebett geholt?«

Er beugte sich nach vorne und blickte Decker aggressiv in die Augen. Faustschläge in Rücken und Nacken von den beiden Männern hinter ihm verliehen der Frage schmerzhaft Nachdruck.

54

*Charlottenplatz mit »Hotel Silber«*

In Deckers Hirn arbeitete es fieberhaft. Was wussten die? Bei seiner Verhaftung mitten in der Nacht war ihm kein Grund genannt worden. »Mitkommen!«, »Das werden Sie schon noch erfahren!« und »Schnauze halten!« waren die einzigen Sätze gewesen, die den beiden Uniformierten über die Lippen kamen. Mit überhöhter Geschwin-

55

digkeit war der schwarze Opel Regent durch die leeren Straßen der Stadt gejagt und hatte mit quietschenden Reifen vor der gefürchteten Adresse Dorotheenstraße 2–4 angehalten. Weil das lang gezogene Gebäude mit der majestätischen Neorenaissancefassade früher eine Nobelherberge war, hatte es seinen Namen behalten: »Hotel Silber«. Nach dem Ersten Weltkrieg war die große Zeit der Edelhotels zunächst vorbei, »das Silber« wurde erst von der Oberpostdirektion genutzt, 1928 übernahm das Polizeipräsidium – und mit ihm auch die gefürchtete politische Polizei.

Rüde war Decker aus dem Wagen und durch einen Hintereingang gezerrt worden, mit Tritten trieb man ihn eine steile Wendeltreppe hinunter in den Keller, wo drei Arrestzellen lagen. Die Zelle, in die man ihn stieß, war bereits drängend voll – sechs Männer kauerten in dem engen Loch am Boden. »Wenn ich nur ein Wort von euch hör, hau ich mit dem Knüppel rein«, hatte der Wärter noch gebrüllt, dann war die Stahltür zugeworfen und abgeschlossen worden.

An der Decke der Zelle brannte eine Glühbirne, an der einen Wand verlief eine Steinbank, in der Ecke stand ein Kübel mit Deckel für die Notdurft. »Die beobachten uns die ganze Zeit«, flüsterte einer seiner Mitgefangenen, einige von ihnen kannte er vom Sehen – in der nächsten halben Stunde erfuhr er ihre Geschichten: Alle waren Kommunisten und Gewerkschafter, einige hatten schon erste Verhöre hinter sich, sie hatten Schrammen im Gesicht, verschwollene Lippen oder blaue Augen.

Nach einigen quälenden Stunden der Ungewissheit hörte man laute Schritte, die Türe wurde aufgeschlossen und aufgerissen: »Müller, Kowalski, Decker – sofort rauskommen.« Die drei wurden mit Stößen und Tritten zur Wendeltreppe getrieben, Decker wurde in den zweiten Stock geschafft, da saß er nun im Verhörzimmer vor Kriminaloberassistent Wöger, hinter ihm zwei Aufpasser in Uniform, in der Ecke eine Stenotypistin an einem Schreibmaschinentisch.

»Also, was glauben Sie, warum Sie hier sind?« Wöger haute mit der flachen Hand auf den Tisch. Decker war auf diesen Fall vorberei-

56

tet: »Wenn man dich verhaftet, werden sie dir zunächst nicht sagen, warum«, hatte ihm ein Genosse gesagt. »Und wieso tun sie das nicht?«

»Ganz einfach; vielleicht sagst du in deiner Angst ja etwas, was sie noch gar nicht wissen …«

Decker hatte schon die Worte auf der Zunge gehabt, dass er mit dem Kabelattentat nichts zu tun hatte – Gott sei Dank hatte er sie wieder heruntergeschluckt. Irgendwann würden sie schon damit herausrücken, was sie wussten und was sie ihm vorwarfen.

Ein Faustschlag gegen seinen Nacken ließ ihn wieder aufschrecken.

Im Laufe dieses 11. März würden die württembergischen Nazis ein wichtiges Zwischenziel erreichen: die Verdrängung des Zentrumspolitikers Eugen Bolz aus dem Amt des Staatspräsidenten. In der Landtagswahl von 1932 waren die Nationalsozialisten bereits stärkste Partei im württembergischen Landtag geworden, allerdings war keine regierungsfähige Koalition zustande gekommen. Deshalb war das Kabinett Bolz als geschäftsführende Regierung im Amt geblieben.

Jetzt, nach der Reichstagswahl vom 5. März, hatte sich die Situation grundlegend verändert. In Württemberg hatten die Nazis ihren Stimmenanteil von 26 % auf 42 % hochgeschraubt, die demokratischen Parteien hatten fast ausnahmslos verloren. Bereits am Tag nach der Wahl verlangte ein wütender Mob den Rücktritt der Staatsregierung und die Übertragung des Reichstagswahlergebnisses auf Länder- und kommunale Ebene, am 7. März zogen Nazitrupps am Landtag und an öffentlichen Gebäuden Hakenkreuzfahnen auf – Tag für Tag wurde der Regierung Bolz ein weiteres Stück Macht aus den Händen gerissen. Am 8. März der schwerste Schlag: Die Berliner Regierung setzte mit Dietrich von Jagow einen »Reichskommissar« für die württembergische Polizei ein. Er sollte den Befehl für eine gewaltige Verhaftungswelle geben, die am Abend des 10. März begann. In den folgenden fünf Tagen wurden in Württemberg etwa 1700 kommunistische und sozialdemokratische Funktionäre in »Schutzhaft« genommen.

Auch bei Theodor Decker in der Schönbühlstraße 78 hatte es in dieser Nacht auf den 11. März Sturm geklingelt.

Unter den Verhafteten waren alle KPD-Landtagsabgeordneten, die anderen Parteien wurden von den Nazis massiv unter Druck gesetzt. Bolz sah keine Chance mehr für seine Regierung – am 11. März gab er auf, bereits vier Tage später wurde Wilhelm Murr zum neuen Staatspräsidenten vereidigt – und sagte bei seiner Vereidigung eben diesen Satz: »Wer uns ein Auge ausschlägt, dem werden wir den Kopf abschlagen.«

»Also«, hörte Theodor Decker sein Gegenüber sagen, »fangen wir noch mal von vorne an: Warum, glauben Sie, sind Sie hier?«

### Dienstag, 21. März 1933, Schwäbische Alb

Die Karawane aus zehn Mercedes-Lkws machte einen ohrenbetäubenden Lärm, als sie zwischen den letzten Schneeflecken durch die frühlingshafte Alblandschaft ratterte. Gott sei Dank war es an diesem Märztag nicht allzu kalt, sonst hätten einige der rund 200 Häftlinge, die dicht gedrängt auf den Ladeflächen kauerten, den Transport wohl nicht überlebt.

Auch Theodor Decker saß, in eine Decke gehüllt, auf der Ladefläche eines Lo 2000, immer noch geschockt von dem, was er in den letzten Tagen erlebt hatte, dazu trieb ihn die Sorge um seine Frau und die beiden Kinder fast zur Verzweiflung. »Keine Sorge, bei uns geht keiner verloren«, war der zynische Kommentar seines Bewachers gewesen, als er gefragt hatte, ob denn seine Familie wisse, wo er sei.

Zwei Tage lang hatten sie ihn im »Silber« immer wieder aus seiner Zelle geholt, in einen Verhörraum gestoßen, wo er unter Prügeln »befragt« wurde. Trotz aller Schmerzen und Erniedrigungen hatte er erleichtert festgestellt, dass offenbar keine Spur vom Kabelattentat zu ihm führte. Je öfter sie ihn verhörten, umso sicherer wurde er: Sie hatten nichts gegen ihn in der Hand.

58

Was er noch nicht wusste, war, dass dies keine Rolle spielte. Ob mit oder ohne Verdachtsmomente: Es reichte den Nazis, dass er anders dachte als sie.

Zwei Tage nach seiner Verhaftung war er in die Stuttgarter Reithalle verlegt worden, wo rund 200 politische Gegner zusammengepfercht worden waren. »In einer Reihe aufstellen, Gesicht zur Wand«, hatte ein SA-Mann sie angebrüllt, »und wehe, es rührt sich einer!«

Über eine Stunde lang mussten sie so stehen, dann durften sie sich auf den kalten Boden setzen. Neben Decker hockte ein etwa 50-jähriger, bleicher Mann, den er kannte, weil sich ihre Wege ein paarmal gekreuzt hatten: Heinrich Baumann, KPD-Gemeinderat und Vorsitzender des Waldheim-Vereins. »Was denkst du, lassen uns die hier wieder raus?«, flüsterte er ihm zu. »Ich wage es nicht zu hoffen, nicht bei dem, was ich in den letzten Tagen erlebt habe«, raunte der zurück, »das sind Bestien, wilde Tiere, ohne einen Funken Ehre im Leib …«

»Schnauze, Lumpenpack«, brüllte ein bulliges Braunhemd, Decker sah gerade noch, wie er auf sie zurannte, dann drosch er schon mit seinem Gummiknüppel auf sie ein, so heftig, dass ihnen aus mehreren Platzwunden das Blut nur so herausschoss. »Lasst es euch gesagt sein«, brüllte der Dicke in die Halle hinein, »wenn ich auch nur ein Wort höre, war das, was ihr eben gesehen habt, ein sanftes Streicheln, verstanden?« Schlagartig ging der Geräuschpegel gegen null.

Und so blieb es. Den ganzen Tag lang. Und den nächsten. Und den übernächsten. Und stets die quälende Ungewissheit, was die Nazis mit ihnen vorhatten und was mit ihren Familien geschah.

Die Wartezeit hatte auch organisatorische Gründe. Seit der Brandnacht waren reichsweit Tausende politische Gegner verhaftet worden, die jetzt auf die hastig aus dem Boden gestampften Konzentrationslager verteilt werden mussten. In Württemberg hatte Reichskommissar Dietrich von Jagow den Stuttgarter Polizeipräsidenten Rudolf Klaiber angewiesen, ein passendes Gelände zu finden und entsprechend einzurichten. Da die Zeit drängte, wurde beschlossen, den

Truppenübungsplatz Heuberg bei Stetten am kalten Markt zu nutzen. Im Friedensvertrag von Versailles war Deutschland 1919 dazu verpflichtet worden, sein Heer auf 100 000 Berufssoldaten zu begrenzen, viele Kasernen – wie der Heuberg – wurden damit nicht mehr gebraucht. In wenigen Tagen waren dort die leer stehenden Gebäude für Häftlinge und Wachmannschaften vorbereitet worden, heute, am 21. März, traf nun der erste Häftlingstransport ein.

Am späten Nachmittag erreichten die Lkws den Heuberg, sie hielten an dem riesigen Appellplatz, wo vor wenigen Stunden noch die Wachmannschaften begrüßt und vergattert worden waren. Ein Pfiff aus einer Trillerpfeife ertönte: »Absitzen und antreten … zwei hintereinander, viele nebeneinander, los, los, zack, zack …«

Decker sah sich verstohlen um: Mehrere Hundert frierende Häftlinge standen auf dem Platz, immer mehr Lkws fuhren vor, immer mehr Männer wurden von den Ladepritschen gescheucht.

## Donnerstag, 23. März 1933, 19.52 Uhr, Berlin, Krolloper

Kann man auf den Tag und auf die Minute genau sagen, wann eine Demokratie aufgehört hat zu existieren und ein Rechtsstaat aufgehört hat, einer zu sein? Bei der Weimarer Republik kann man das. Am 23. März 1933, acht Minuten vor 20 Uhr, sagte Reichstagspräsident Hermann Göring in der Krolloper, wo nach dem Brand die Reichstagssitzungen stattfanden, diesen Satz: »Es haben gestimmt mit Nein 94 Abgeordnete, mit Ja 441 Abgeordnete – somit ist das Ermächtigungsgesetz mit der verfassungsmäßigen Mehrheit von 441 Stimmen angenommen.«

Was davor noch als Rechtsbeugung, Gesetzesübertretung oder gar Verbrechen seitens der Nationalsozialisten aufgefasst werden konnte, war ab jetzt völlig legal: Die Hitlerregierung konnte nun ohne Zustimmung des Reichstags oder des Reichspräsidenten Gesetze erlassen, gegen die es keinerlei Handhabe mehr gab. Denn in Artikel 2 stand

60

der entscheidende Satz: »Die von der Reichsregierung beschlossenen Reichsgesetze können von der Reichsverfassung abweichen.« Kein Gericht, kein Grundrecht auf Meinungsfreiheit, keine Freiheit der Religion und kein Recht auf menschenwürdige Behandlung – nichts mehr würde denjenigen schützen, der in Konflikt mit den braunen Machthabern kam: Das »Ermächtigungsgesetz« war der Schlüssel zum Schreckensregime der kommenden Jahre.

Um Punkt 19.52 Uhr an diesem 23. März begann ganz offiziell die Diktatur und endete die erste deutsche Demokratie – das Schlimmste daran: scheinbar urdemokratisch mit Zweidrittelmehrheit. Selbst entschiedene Hitlergegner wie Eugen Bolz oder Theodor Heuß hatten dem Psychoterror der Nazis nachgegeben und schenkten irgendwann den braunen Versprechungen Glauben, man werde wieder für Ruhe und Ordnung sorgen, die kommunistische Gefahr bannen und eine enge Verbindung zum Vatikan suchen. Reinhold Maier, nach dem Krieg Ministerpräsident im Südwesten, begründet das Einknicken seiner liberalen Fraktion so: »Im Interesse von Volk und Vaterland und in der Erwartung einer gesetzmäßigen Entwicklung werden wir unsere ernsten Bedenken zurückstellen und dem Ermächtigungsgesetz zustimmen.«

Die kommunistischen Abgeordneten konnten nicht an der Sitzung teilnehmen, weil alle entweder in Haft oder auf der Flucht waren, lediglich die SPD konnte dagegenhalten – alle anwesenden Abgeordneten stimmten mit »Nein«, und ihr Vorsitzender Otto Wels sagte in der letzten freien Rede für viele Jahre den berühmten Satz: »Freiheit und Leben kann man uns nehmen, die Ehre nicht.«

Nur 36 Tage waren seit dem Kabelattentat vergangen – wenn man zurückblickte, hatte man den Eindruck, in eine andere Welt zu schauen, in der sich kaum einer die Konsequenzen dessen ausmalen konnte, was in diesen Tagen begann.

## Mittwoch, 29. März 1933, Stuttgart-Ost, Schönbühlstraße 78

»Eugen, du?« Gertrud Decker war ehrlich überrascht, ihn vor ihrer Wohnungstüre zu sehen. Eugen Holzmann, mittelgroß, beleibt, Halbglatze, Schreiner. »Ja, ich wollt mal nach dir und den Kindern sehen.«

»Komm doch rein.«

Gertrud trat zur Seite und ließ den Mann in den schmalen Flur. Hans kam neugierig aus der Küche gelaufen, um zu sehen, wer da gekommen war.

»Marsch, zurück an die Hausaufgaben«, rief seine Mutter.

»Na, die werden wohl nicht davonlaufen«, meinte Holzmann jovial und strich dem Jungen übers Haar. »Na, wie geht's in der Schule?« Hans sah zu seiner Mutter hoch. »Nicht so gut«, sagte sie für ihn, »er wird gehänselt, weil sein Vater abgeholt worden ist. Sie sagen, er sei ein arbeitsscheuer Kommunist und sei jetzt im Lager, um richtig schaffen zu lernen.«

»Hast du was von Theodor gehört?«

»Nichts.« Sie senkte den Kopf.

»Reicht denn das Geld?«

»Ja«, beeilte sie sich zu sagen, »er kommt ja hoffentlich auch bald zurück …«

»Ja, … bestimmt«, meinte Holzmann und sah die zierliche Frau lange an.

## Montag, 10. April 1933, Lager Heuberg

Ein trockener Tag, nicht zu kalt – Gott sei Dank. Theodor Decker und die anderen rund 2000 Häftlinge standen schon seit zwei Stunden auf dem Appellplatz: »Stillgestanden!« … »Rührt Euch!« … »Linksum« … »Rechtsum« … »Stillgestanden!« Der Grund für das lange Warten unter militärischem Drill: Der »Neue« trat heute seinen Dienst an.

62

*Karl Buck,*
*Leiter des KZ Heuberg*

Karl Buck, Weltkriegssoldat, Ingenieur aus Esslingen, seit einem Unfall Beinprothesenträger, bisher stellvertretender, seit heute oberster Leiter des KZ Heuberg.

»Meine Herren, was ich von Ihnen erwarte, ist schnell gesagt: Ordnung, Disziplin und Einsicht in Ihre Verfehlungen. Ich hatte in den vergangenen Tagen Zeit, Ihre Akten einzusehen und Sie kennenzulernen. Jetzt …«, er machte eine kurze Pause und lächelte maliziös, »… jetzt werden Sie mich kennenlernen.«

Schon in den kommenden Tagen sollten die Häftlinge zu spüren bekommen, wie er die Drohung meinte. Zwar waren Grobheiten und Prügel durch die Wachmänner schon bisher an der Tagesordnung gewesen, doch was jetzt kam, waren gezielte Quälereien. Gefangene wurden getreten, geschlagen, Treppen hinauf- und hinuntergehetzt, es war eine »Schlagzelle« eingerichtet worden, in dem die Häftlinge mit Holzknüppeln und Gürtelschnallen bis zur Bewusstlosigkeit geprügelt wurden. Eine Spezialität der Wachmannschaften war es, die Häftlinge zu zwingen, Treppen mit dem Kopf nach unten zu reinigen, ständig wurde man mit dem Erschießen bedroht.

Für kalte Tage hatten die Wärter eine besondere Gemeinheit auf Lager: Die Häftlinge wurden in das eiskalte Wasser eines Brunnentrogs getaucht, dann mit einem Hochdruckschlauch abgespritzt und danach mit groben Scheuerbürsten gebürstet, bis sie bluteten.

Auch Theodor Decker litt unsagbar unter diesen Teufeleien. Innerhalb weniger Wochen magerte er fast bis zum Skelett ab. Sein einziger Trost war der Gedanke an seine Familie und der Kontakt zu Heinrich Baumann. Doch dieser wurde im Juli 1933 überraschend entlassen. Seine Mutter war gestorben, und er durfte nach Hause, mit der strengen Auflage, sich jeden Tag bei der Polizei zu melden.

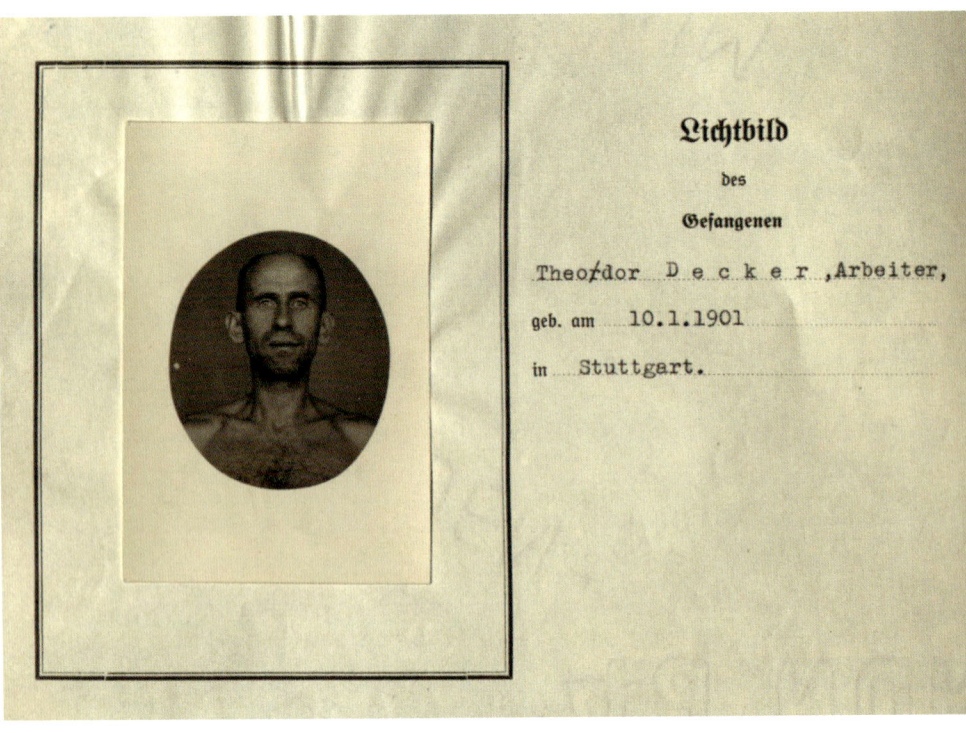

Lichtbild

des

Gefangenen

Theodor D e c k e r ,Arbeiter,

geb. am 10.1.1901

in Stuttgart.

*Theodor Decker, Gefangenenakte*

In diesen heißen Julitagen war ein anderer prominenter Häftling auf den Heuberg gekommen: Kurt Schumacher, seit 1930 Stuttgarter SPD-Vorsitzender und Reichstagsabgeordneter, seit 1932 Mitglied des SPD-Vorstands und entschiedener Gegner Hitlers. Er war Anfang des Monats kurz nach dem Verbot der SPD verhaftet worden.

Im Ersten Weltkrieg hatte Schumacher als Soldat seinen rechten Arm verloren, dies machte ihn zu einem bevorzugten Ziel der Quälereien durch Karl Buck persönlich. Buck, selbst behindert, ließ ihn mitleidlos Steine schleppen, Wasser pumpen und – besonders bösartig für den armamputierten Schumacher – Schubkarren voller Kies über weite Strecken schieben.

Drinnen, in Bucks Amtszimmer, hing die »Dienst- und Vollzugsordnung für das Schutzhaftlager Heuberg« aus. Unter Paragraf 13 hieß es:

»Die Gefangenen sind ernst, gerecht und menschlich zu behandeln.

Ihr Ehrgefühl ist zu schonen und zu stärken.

Die Erhaltung ihrer Gesundheit und Arbeitskraft ist im Auge zu behalten.

Sie werden grundsätzlich gleich behandelt.«

### Mittwoch, 15. November 1933, frühmorgens, Lager Heuberg

»Der Führer hat dem Reich seine Ehre wiedergegeben«, schallte es über den verschneiten Appellplatz. Alle Häftlinge standen in Reih und Glied, jeder hatte seine persönlichen Dinge und sein Essgeschirr mitbringen müssen. Buck, breitbeinig, die Hände in die Hüften gestützt, stand auf einem Podest hinter einem Mikrofon. »Nach Jahren der Schmach wird Deutschland wieder eine Armee bekommen – endlich! Und dieses Lager wird seiner ursprünglichen Bestimmung wieder zurückgegeben, als Kaserne für deutsche Soldaten. Deshalb wird dieses Lager aufgelöst. Der große Teil von euch wird das Vergnügen haben, mit mir in das neue Lager Kuhberg in Ulm zu reisen. Für einige ist dieser Tag aber auch der Tag, an dem sie zu ihren Familien heimkehren dürfen.« Buck machte eine Pause. »Und all diesen rate ich, darüber nachzudenken, in welche Not und Sorge sie ihre Familien gestürzt haben. Es liegt nun an Ihnen, ordentliche Volksgenossen zu werden … Zu den Transportern wegtreten!«

Fast sieben Monate waren vergangen, mehr als ein halbes Jahr mit ständigen Angriffen auf Körper, Geist und Würde der Gefangenen. Mit am schlimmsten war für Decker, dass sich die Häftlinge nicht etwa gegen ihre Peiniger solidarisierten. Stattdessen bildeten sich einzelne Gruppen, die anderen zurückhaltend bis aggressiv ablehnend gegenüberstanden.

65

So hatte Decker gehofft, dass sich zu dem Stuttgarter Sozialdemokraten Schumacher ein ähnlich enges Verhältnis entwickeln könnte wie zuvor zu Baumann. Doch diese Hoffnung erfüllte sich nicht. Kurt Schumacher hielt bewusst Distanz zu allen Kommunisten, bereits 1930 hatte er sie als »rotlackierte Doppelausgabe der Nationalsozialisten« bezeichnet. Wenn sie – wie jetzt auf dem Weg zum Appellplatz – zufällig zusammentrafen, ergab sich kaum ein Gespräch, das über einige unverbindliche Worte hinausging.

Bei der Ankunft am Appellplatz war Decker nach links, Schumacher nach rechts geschickt worden, jetzt standen sie an zwei unterschiedlichen Ecken des Platzes. Nach Bucks Rede begriff er, warum. Schumacher musste auf den Kuhberg-Transport, für Decker ging es zurück nach Stuttgart.

## Donnerstag, 16. November 1933, Stuttgart-Ost, Schönbühlstraße 78

Auf dem Tisch lagen noch die Reste des Abendessens. Zur Feier des Tages hatte es »warm« gegeben, Gertrud hatte Bratwürste besorgt und Sauerkraut mit Salzkartoffeln dazu gemacht. Die Kinder hatten nach einer anfänglichen Beklommenheit begeistert reingehauen. Acht Monate hatten sie ihren Vater nicht mehr gesehen, vor allem dem kleinen Werner musste Theodor Decker wie ein fremder Mann vorgekommen sein. Auch Hans hatte am Anfang gefremdelt, er hatte gespürt, dass die Mutter ihr Entsetzen über das Aussehen ihres Mannes nur mühsam überspielen konnte.

Jetzt waren die beiden Buben im Bett, und die Eltern saßen noch vor der halb leeren Flasche Haberschlachter Trollinger. Die Erleichterung war einer melancholischen Stimmung gewichen. Theodor versuchte, seine Frau zu schonen, indem er in seinen Erzählungen die schlimmsten und entwürdigendsten Erlebnisse im KZ wegließ – und Gertrud spürte natürlich, dass er ihr nur einen Bruchteil dessen erzählte, was er durchleiden musste.

66

Auch das, was sie zu berichten hatte, verdüsterte die Stimmung weiter. Im Stuttgarter Telegrafenbauamt hatte sich der Wind gedreht. Nach der Einführung des »Gesetzes zur Wiederherstellung des Berufsbeamtentums« vom 7. April 1933 setzte eine Welle fristloser Entlassungen ein, Dr. Baumgärtner hatte es ebenso getroffen wie den Betriebsratsvorsitzenden Theodor Decker, sie boten »nicht die Gewähr […] dafür, dass sie jederzeit rückhaltlos für den nationalen Staat eintreten« würden.

Wenn die Eltern und Schwiegereltern der Familie nicht geholfen hätten, Gertrud hätte nicht gewusst, wie sie die Wohnung halten und die Kinder durchbringen sollte.

Den Nazis war es in diesen wenigen Monaten gelungen, fast alle Lebensbereiche zu durchdringen: Im direkten Wohnumfeld gab es seit Kurzem einen »Blockleiter«, einen Nazi, der – wie Gertrud es ausdrückte – seine Nase in alles steckte, an den Schulen waren viele Lehrer ausgetauscht worden, seit 1. Juli war Karl Strölin offiziell Oberbürgermeister in Stuttgart, bereits im Juni war der ehemalige württembergische Staatspräsident Bolz verhaftet und in der Festung Hohenasperg interniert worden. Erst einen Monat später war er wieder freigekommen, und auch nur deshalb, weil seine Partei, das Zentrum, ihre Selbstauflösung an seine Entlassung geknüpft hatte.

Aber Gertrud hatte auch über ein Fünkchen Hoffnung zu berichten. Bekannte hatten Theodor Decker die Aussicht auf eine neue Arbeitsstelle eröffnet, bei Bosch in Stuttgart-Feuerbach. Jetzt blickte sie ihrem Mann lange in die Augen: »Sei vorsichtig und mach nichts Politisches mehr – du musst auch an mich und die Kinder denken.«

»Ja, ich weiß«, sagte er, »hätt'sch dei Gosch ghalta, hätt dich dr Bosch bhalta.«

Zum ersten Mal an diesem Abend lächelten die beiden.

# Kapitel 4: In der Hölle

**Mittwoch, 16. Januar 1935, 5.30 Uhr,
Stuttgart-Ost, Schönbühlstraße 78**

»Hans Theodor Decker, geboren am 10. Januar 1901?«

»Ja?«

»Los! Mitkommen! Ziehen Sie sich etwas an!«

»Was wird mir vorgworfa?«

»Das werden Sie noch früh genug erfahren.«

Die beiden Polizisten schubsten ihn zurück in die Wohnung. Wie betäubt ging Decker in das Schlafzimmer, wo Gertrud mit vor Angst geweiteten Augen im Bett saß und die Bettdecke bis unter das Kinn zog.

»Theodor, was isch?«

»Ich weiß es auch net …«

»Los, machen Sie schon!«

Zwei Minuten später hatten sie ihn die Treppe hinuntergestoßen und unsanft in das Fahrzeug gezerrt. Wieder ein Opel Regent. Wieder mit hoher Geschwindigkeit zum »Hotel Silber«. Wieder Arrestzelle. Wieder Wöger. Wieder diese Frage, die er nicht beantworten konnte: »Was glauben Sie, warum Sie hier sind?«

Und wieder Gebrüll, Beschimpfungen, Schläge …

Die Stunden danach hatte Gertrud Decker wie in Trance erlebt. Hans war – sichtlich verstört – zur Schule gegangen, dann hatte sie den kleinen Werner zu ihrer Schwiegermutter gebracht. Erst mal den Kopf freibekommen, überlegen, was sie tun könnte.

Und im Moment der größten Verzweiflung hatte es geklingelt. Eugen Holzmann stand wieder einmal vor der Tür. Endlich jemand, mit dem sie reden konnte. Jetzt saßen sie beide in der kleinen Küche.

68

»Vielleicht isch das ja alles nur ein Missverständnis, und er isch heut Abend wieder da«, meinte Eugen Holzmann gerade. Und, nach einer Pause: »Aber vielleicht hat er doch wieder was gmacht.«

»Wie moinsch?«

»Mit de Kommunischda …«

»Noi … i moin, i woiß au net. Der Theodor hat mir au net älles erzählt …«

»Aber richtig aufghört hat er ja nie mit seiner G'werkschaft …«

»Noi, des allerdings net.«

Es tat einfach gut, mit jemandem reden zu können. Und Eugen war immer da, wenn sie jemanden zum Reden brauchte. So wie damals in der schrecklichen Zeit, in der der Theo auf dem Heuberg war. Jemand, dem sie ihr Herz ausschütten konnte, wie sehr ihr Theos politische Arbeit zusetzte, diese ewige Angst. Um ihn. Um sich. Und um die Kinder.

<br>

**Donnerstag, 11. Juli 1935,**
**Konzentrationslager Dachau**

Es war ein Sommertag wie aus dem Bilderbuch, warm, ein typisch bayerischer Himmel, bestes Biergartenwetter. Doch für die Männer in ihren viel zu weiten, von breiten Trägern gehaltenen Hosen und den schmutzig weißen Baumwollhemden ohne Kragen war es die Hölle. Seit Stunden standen sie jetzt bereits in Reih und Glied, regungslos, und die Sonne brannte erbarmungslos auf ihre kahl geschorenen Schädel. Einmal hatte Theodor Decker versucht, den Schweiß von seinem Gesicht zu wischen – sofort war einer der SS-Männer auf ihn zugerannt und hatte mit seinem Gummiknüppel auf ihn eingedroschen: »Dir werd ich's zeigen, sich einem Befehl zu widersetzen, du rote Sau!«

Am Vortag war Theodor Decker frühmorgens aus seiner Zelle im »Langen Bau« in Stuttgart geholt worden. Für einen kurzen Moment hatte ihn die Hoffnung durchzuckt, dass man ihn endlich vor ein

69

Gericht stellen würde – nach 175 Tagen Haft, die er abgesessen hatte, ohne dass er je einen Grund dafür erfahren hätte, ohne dass er jemals einem Richter vorgeführt worden wäre – würde sich das jetzt ändern?

Mit anderen Häftlingen zusammen wurde er in einen alten Büssing-Bus getrieben, mehrere schwer bewaffnete Polizisten nahmen ganz hinten und ganz vorne Platz. Zunächst war der Bus in Richtung Gerichtsviertel unterwegs gewesen, war dann aber nach Cannstatt weitergefahren, dann Esslingen, Göppingen, immer weiter auf der Reichsstraße 10. Sie kamen durch Ulm, Augsburg, und dann – ein paar Kilometer vor München – bog der Bus links ab. Als Decker nach einigen weiteren Kilometern das Ortsschild sah, wurde ihm schlagartig das Ziel klar: Dachau war auch eines der ersten Konzentrationslager gewesen, immer öfter hatte Decker von diesem Ort gehört – es sei dort noch viel schlimmer als früher auf dem Heuberg, wurde geraunt.

Und so war es auch: Als der Bus am frühen Abend das Tor passiert hatte, wurden die Häftlinge von einer brüllenden SS-Meute aus den Bussen gezerrt und unter einem Hagel von Hieben zum Appellplatz getrieben, wo sie sich in Reih und Glied aufstellen mussten. Immer wieder wurden dann einige von ihnen von Wachmännern weggeführt, irgendwann war auch Theodor Decker dran.

Er wurde in ein flaches Gebäude gestoßen, in dem mehrere Uniformierte mit Scheren und Rasiermesser warteten. »Ausziehen«, brüllte einer, »und zwar alles! Zack, zack!« Unter einem weiteren Hagel von Hieben rissen sich die Männer die Kleider vom Leib, dann mussten sie auf einem Hocker Platz nehmen. In den nächsten Minuten wurden ihnen sämtliche Körperhaare entfernt, danach wurden sie mit einem Ungezieververnichtungsmittel eingesprüht. Dann erfolgte die Kleiderausgabe, Decker erhielt eine alte zerschlissene Uniform, die ihm viel zu weit war, danach wurden die Männer auf die Schlafblocks verteilt.

Bereits am frühen Morgen waren sie mit Gebrüll geweckt worden, jetzt standen sie in der sengenden Sonne, weil die Wachleute das ganze Gelände nach einem Häftling absuchten, der beim Antreten gefehlt hatte. »Damit das klar ist: Ihr bleibt so lange hier stehen,

70

bis wir das Schwein gefunden haben«, hatte einer der SS-Leute geschrien – das war vor etwa fünf Stunden gewesen. Und ein Ende war nicht in Sicht.

Der Mann, der vom Fenster seines Büros im zweiten Stock das brutale Schauspiel auf dem Appellplatz verfolgte, war zufrieden. Denn SS-Gruppenführer Theodor Eicke, Kommandant des Konzentrationslagers, war der geistige Vater dieser Schindereien. In seiner »Dachauer Schule« wurden junge SS-Wachleute brutal gedrillt, um jegliche menschliche Regung den Gefangenen gegenüber abzulegen. »Dort hinter dem Draht lauert der Feind und beobachtet all euer Tun, um eure Schwäche für sich zu nutzen«, bläute er den Neulingen im Wachpersonal ein. »Jeder, der auch nur die geringste Spur von Mitleid mit diesen Staatsfeinden erkennen lässt, muss aus unseren Reihen verschwinden. Ich kann nur harte, zu allem entschlossene SS-Männer gebrauchen, Weichlinge haben bei uns keinen Platz!«

Theodor Eicke, Lagerleiter des KZ Dachau

Zwei Jahre nach seinem Dienstantritt hatte er es geschafft, die Dachauer Ausbildung zum Standard für alle anderen KZs zu machen.

Was diesen Mann so menschenverachtend gewalttätig werden ließ: Dachau war seine letzte Chance. Mehrfach aus dem Polizeidienst entlassen, aus der SS-Liste gestrichen, Psychiatriepatient: Für Theodor Eicke schien Anfang 1933 alles vorbei zu sein, er war ein Gescheiterter.

Doch dann das Angebot Heinrich Himmlers, Dachau

71

zu übernehmen und zu einem Muster-KZ zu machen. Eicke ergriff diese letzte Chance entschlossen, blind würde er von nun an jede Erwartung seines Dienstherrn erfüllen.

Seine erste Bewährungsprobe kam ein Jahr später: Am 1. Juli 1934 bekam er von Hitler höchstpersönlich den Befehl, ins Gefängnis München-Stadelheim zu fahren und den am Vortag verhafteten SA-Führer Ernst Röhm zu erschießen. Und Eicke gehorchte. Am Tag zuvor hatte er bereits die Ermordung des ehemaligen bayerischen Ministerpräsidenten Gustav Ritter von Kahr und sechs weiterer Regimegegner angeordnet. Als Anerkennung wurde Eicke einige Monate später zum Inspekteur aller Konzentrationslager und Chef der Wachtruppen ernannt – der Terror gegen Regimegegner hatte jetzt einen fanatischen Vordenker.

Mit einer unbändigen kriminellen Energie macht sich Eicke daran, das KZ-System auszubauen. Im Sommer 1935, als Theodor Decker nach Dachau kam, waren die Lager noch in ihrer Anfangsphase. Zwar mussten die Häftlinge schon bis zu zwölf Stunden am Tag in Arbeitskommandos Straßen bauen oder Bäume fällen, doch die verbrecherische Optimierung zum Sklaven- und Ausrottungssystem folgte erst später, als Hitler 1936 begann, seine gewaltigen Bauprojekte zu planen. Die Konsequenz daraus war eine riesige Nachfrage nach Baumaterialien, sie führte 1938 zur Gründung der »Deutschen Erd- und Steinwerke GmbH«, kurz: DEST, ein Ausbeutungskonzern, der der SS Heinrich Himmlers unterstand.

Aus fast jedem Bereich des Häftlingsdaseins verstanden die Nazis auf diese Weise Gewinn zu schlagen. So trug beispielsweise Theodor Decker während seiner Dachau-Haft noch nicht die gestreifte KZ-Häftlingsmontur. Die wurde erst 1938 eingeführt, durch Theodor Eicke, der inzwischen alle KZs gleichgeschaltet hatte. Die Kleidung wurde nun in Häftlingsschneidereien gefertigt, die 1939 in der »Deutschen Gesellschaft für Textil- und Lederverarbeitung mbH« (Texled) der SS zusammengefasst wurden – die Kommerzialisierung des Grauens trug zynisch unverdächtige Firmennamen.

72

Schon in den ersten Wochen seiner Tätigkeit in Dachau hatte Eicke eine »Disziplinar- und Strafordnung für das Gefangenenlager« erlassen, in der selbst kleinste Vergehen mit drakonischen Strafen belegt waren: vom Essensentzug über Dunkelhaft, Prügelstrafe bis hin zur Todesstrafe – bald verbindlich für alle KZs.

Eine besonders sadistische Bestrafung war das »Pfahlhängen«. Häftling Walter Heise musste im KZ Neuengamme diese Tortur erdulden: »Unter dem Balken waren Stricke heruntergelassen. Ich musste einen Schemel besteigen und mir am Rücken an den Händen die Fessel anlegen lassen. Der Strick wurde hochgezogen, der Schemel weggestoßen, und ruckartig hing ich etwa einen Meter über dem Boden in der Schwebe. Nur meinen Schmerzen überlassen, die Zähne zusammengebissen und dumpf stöhnend meinen Peiniger, den Oberscharführer, vor Augen. Ich empörte mich über das sadistische Treiben der SS, die auf die durchdringend schreienden wehrlosen Menschen einhieben oder, um ihre Qualen zu erhöhen, die Körper hin- und herschaukelten. Je mehr Schmerzensgebrüll die Baracke durchhallte, je mehr höhnten und beschimpften sie ihre Opfer und weideten sich an den vom Schmerz entstellten Gesichtern. […] Qualvolle 1,5 Stunden mochten vergangen sein, als ich vom Lagerältesten von den Fesseln befreit wurde. […] Meine Arme waren schlaff und hingen kraftlos an mir herunter, als gehörten sie mir nicht. Jegliches Gefühl war darin erstorben. […] Tagelang noch hielt dieser Zustand an, und es dauerte Wochen, bevor ich die Arme wieder gebrauchen konnte …«

Das war die Welt, in die Theodor Decker hineingestoßen worden war. Sein ganzes Denken war nun beherrscht davon, nur ja nicht ins Visier der sadistischen Wachleute zu geraten. So völlig abgeschnitten vom Leben draußen fristeten die Häftlinge ihre Tage, keiner bekam es mit, als der Reichstag am 15. September 1935 die sogenannten »Nürnberger Rassengesetze« verabschiedete, darunter das »Gesetz zum Schutze des deutschen Blutes und der deutschen Ehre«, das die Eheschließung sowie den außerehelichen Geschlechtsverkehr zwischen Juden und Nichtjuden verbot.

Am 12. Oktober 1935, seinem 94. Dachau-Tag, wurde beim Morgenappell Deckers Nummer aufgerufen: »7684!« Voller Angst trat er vor.

## Mittwoch, 23. Oktober 1935, Oberlandesgericht Stuttgart, Ecke Urban-/Archivstraße

*Oberlandesgericht Stuttgart*

Die Herren Rau, Schwarz, Egelhaaf, Böhmer und Geyer II waren bester Laune. »Herr Kollege, gehen Sie mit zum Mittagessen?«, rief einer von ihnen einem sechsten zu. Dr. Sommer, ein Vertreter der Staatsanwaltschaft Stuttgart nickte erfreut und schloss sich den Richtern des Strafsenats am Oberlandesgericht Stuttgart an.

»Schön, dass man wieder pünktlich in die Kantine kommt«, meinte Oberlandesgerichtsrat Rau. Gerade einmal zwei Stunden hatte es gedauert, bis die sechs mit ihrer Verhandlung durch gewesen waren: Kein Verteidiger, der die Sache in die Länge zog, keine Öffentlichkeit,

74

vor der man sich in Acht zu nehmen brauchte, keine groß angelegte Beweisführung, da ein Volksgenosse geschützt werden musste, der den entscheidenden Tipp zur Verhaftung gegeben hatte ...

Nicht lange fackeln, das war auch die Devise des Chefs der fünf Richter, Hermann Cuhorst. Er war ein juristischer Senkrechtstarter: Vor einem Jahr war er mit nur 35 Jahren zum Senatspräsidenten des OLG Stuttgart ernannt worden. Hinter ihm lag eine Blitzkarriere: Jurastudium in Tübingen, drei Jahre Justizdienst, schon 1929 Amtsrichter, 1930 Eintritt in die NSDAP, bereits drei Jahre später war der junge Mann Oberregierungsrat im württembergischen Justizministerium.

Und jetzt Herr über Leben und Tod am OLG Stuttgart.

Mit dem Prozessverlauf heute würde er bestimmt zufrieden sein. Der Fall, der hinter den fünf Strafsenatsrichtern und ihrem Kollegen von der Staatsanwaltschaft lag, war Routine gewesen. Und das Urteil erging deshalb auch ohne viel Federlesens:

»Der Strafsenat des Oberlandesgerichts Stuttgart verurteilt Theodor Decker wegen eines Verbrechens der Vorbereitung zum Hochverrat im Sinne der Paragrafen 80 Abs. 2, 83 Abs. 2 und 3, Ziffer 1 und 3 [R]StGB zu einer Zuchthausstrafe von drei Jahren, sechs Monaten, auf die neun Monate der erlittenen Schutzhaft und Untersuchungshaft angerechnet werden. Dem Angeklagten werden die bürgerlichen Ehrenrechte auf die Dauer von fünf Jahren aberkannt, auch wird auf Zulässigkeit von Polizeiaufsicht erkannt.«


Am 12. Oktober bereits hatte man Theodor Decker von Dachau nach Stuttgart ins Polizeigefängnis verlegt, elf Tage, in denen er sich von den Folgen der schlimmsten Misshandlungen etwas erholen konnte. Erst nach und nach konnte er sich zusammenreimen, dass er nun vor Gericht gestellt werden würde. Endlich. Doch schon in den ersten Minuten der Verhandlung wurde ihm klar: Keiner der Richter war an Argumenten zu seiner Verteidigung interessiert, das Urteil war in ihren Köpfen bereits geschrieben, es galt nur, die Form zu wahren.

Was waren die Indizien? Auf welcher Grundlage urteilte das OLG? Im Urteil stand keine Begründung, und auch im Prozess waren keine Gründe genannt worden. Decker selbst war seine Verhaftung ein Rätsel: Er war ja nicht auf frischer Tat ertappt worden, etwa beim Transport von Flugblättern, außerdem hatte er sich ja stark zurückgehalten, war auf keiner politischen Versammlung gewesen, schon deshalb, weil er es Gertrud versprochen hatte. Und von seiner Beteiligung am Kabelattentat schienen die Richter nach wie vor nichts zu wissen – was also wurde ihm eigentlich konkret vorgeworfen?

Als er dies in der Verhandlung fragte, hatte das Gericht empört reagiert. »Was fällt Ihnen ein? So eine Frechheit! Wollen Sie einem deutschen Gericht etwa Rechtsbeugung unterstellen?«

Und so war es weitergegangen. Bis zum Urteil.

Klar an diesem Urteil waren nur die Gesetze, die auf seinen Fall angewendet wurden. Die Paragrafen 80 bis 87 des am 24. April 1934 geänderten Strafgesetzbuchs trugen die Überschrift »Hochverrat«; Paragraf 80, Absatz 2 lautete:

»Ebenso wird bestraft, wer es unternimmt, mit Gewalt oder durch Drohung mit Gewalt die Verfassung des Reichs zu ändern.«

In Paragraf 83, Absätze 2 und 3, Ziffer 1 und 3 hieß es:

»[2] Ebenso wird bestraft, wer ein hochverräterisches Unternehmen in anderer Weise vorbereitet.

[3] Auf Todesstrafe oder auf lebenslanges Zuchthaus oder auf Zuchthaus nicht unter zwei Jahren ist zu erkennen, wenn die Tat

1. darauf gerichtet war, zur Vorbereitung des Hochverrats einen organisatorischen Zusammenhalt herzustellen oder aufrechtzuerhalten, oder

[…]

3. auf Beeinflussung der Massen durch Herstellung oder Verbreitung von Schriften, Schallplatten oder bildlichen Darstellungen oder durch Verwendung von Einrichtungen der Funkentelegraphie oder Funkentelephonie gerichtet war.«

Besonders perfide im Urteilstext war der Halbsatz »… auch wird auf Zulässigkeit von Polizeiaufsicht erkannt«. Das bedeutete für den Verurteilten: Das Datum der Entlassung, das im Urteil stand – bei Theodor Decker war das der 23. Juli 1938 um 11.35 Uhr – war ohne jegliche Rechtsverbindlichkeit. Ob jemand wirklich entlassen oder danach in einem KZ verschwinden würde, würde am Ende in einem Prüfungsverfahren entschieden werden, das sich in seiner Willkür nicht von der Gerichtsverhandlung unterschied.

Und da nützte auch der Zusatz wenig, dass ihm die neun Monate, die er bereits inhaftiert war, auf die Gesamtstrafe angerecht wurden.

»Im Namen des Volkes, das Verfahren ist geschlossen«, eine Revision war nicht zulässig, Decker wurde aus dem Gerichtssaal abgeführt, am nächsten Tag wurde er nach Ludwigsburg überführt.

Montag, 28. Oktober 1935,<br>Ludwigsburg, Zuchthaus

Der Gedanke an den Besuch im Gefängnis hatte Gertrud über Tage hinweg richtiggehend gefoltert. Zum einen hatte sie Angst davor, Theodor wieder so elend anzutreffen wie damals, als er vom Heuberg zurückgekommen war. Und sie würde ja die Kinder mitnehmen, Theodor wollte sie unbedingt sehen, hatte er geschrieben.

Was Gertrud aber noch weit mehr zusetzte als die Angst, einem gebrochenen Mann gegenüberzutreten: Sie war schwanger. Und nicht von ihm.

Wie wütend war sie in den Tagen nach Theodors Verhaftung gewesen. Hatte er ihr nicht versprochen, sich politisch zurückzuhalten? Und er? Hatte ihre Bitten ganz offenbar in den Wind geschlagen! Ohne Grund wäre er ja wohl nicht verhaftet worden, oder? Hatte er auch nur einen Augenblick an sie und die Kinder gedacht? Dass sie jetzt ohne den Ernährer dastanden? Die Verhaftung hatte Gertrud und ihre Kinder zu Sozialfällen gemacht, die nun von der mageren

Fürsorge leben mussten. Das bedeutete einen harten Einschnitt in ihre Lebensverhältnisse. Das Schlimmste für sie war, dass sie ihre geräumige Wohnung in der Schönbühlstraße verlassen und in eine kleine städtische Wohnung in der Dortmunder Straße 9 in Cannstatt ziehen mussten.

Und was Hans in der neuen Schule durchmachen musste! Dort hatte sich natürlich in Windeseile herumgesprochen, dass sein Vater ein »Politischer« war! Und dass er bereits zum zweiten Mal im Gefängnis saß. Und die neuen Nachbarn schnitten die Familie auch.

In diesen Momenten tiefster Verzweiflung hielten sie nur zwei Dinge am Leben: die Kinder und die tröstlichen Besuche von Eugen Holzmann. Als er gesehen hatte, wie schlecht es ihr ging, war er immer häufiger gekommen, hatte ihr gut zugeredet und auch Hans immer wieder aufgerichtet, wenn er in der Schule mal wieder besonders schlimm behandelt worden war. Wie gut es tat, in all diesem Leid eine breite Schulter zu haben, an die man sich anlehnen konnte …

Und so war eben – Woche für Woche – mehr daraus geworden. Und in einer Aprilnacht sehr viel mehr.

Jetzt war sie bereits im siebten Monat, das war nicht mehr zu verbergen. Als klar war, dass es in Stuttgart zu einem Prozess kommen würde und sie ihn besuchen könnte, hatte sie den Mut gefasst und Theodor einen langen Brief geschrieben, in dem sie ihre Situation schilderte, die Armut, die Einsamkeit, die Verzweiflung, auch den Zorn, den sie empfand. Und in dem sie ihm die Schwangerschaft gestand.

Und wie überrascht war sie gewesen, als sie seine Antwort in Händen hielt: Er vergab ihr, hatte Verständnis für ihre Situation und sorgte sich rührend um ihre Seelennot. Aber – auch das machte er klar: Gertrud musste ihre Beziehung zu Eugen Holzmann beenden.

Und jetzt saß sie mit den beiden Buben in der kahlen Besucherzelle und wartete auf ihn. Und dann wurde er hereingeführt: Bei seiner Einlieferung in das Zuchthaus Ludwigsburg hatte er gerade noch 57 Kilogramm gewogen – bei einer Körpergröße von

78

1,74 Meter. »Keine Berührungen, nur private Gespräche«, raunzte der mürrische Wachmann in die beklommene Stille hinein und setzte sich so, dass er alle im Blick hatte. Die Situation war entsetzlich: Sein Anblick, die verstörten Kinder, und dann noch ihr schlechtes Gewissen …

Und Theodor? Der versuchte immer wieder, mit ein paar Sätzen, die unbefangen klingen sollten, das lähmende Schweigen zu überbrücken. Und er löste damit bei Gertrud etwas aus, mit dem sie so nicht gerechnet hatte: Als sie ihren Mann so vor sich sah, so ausgehungert und ganz offensichtlich schwer misshandelt, schlug ihre Gemütslage innerhalb von Sekunden in das Gegenteil um: Wo vorher Zorn und Unverständnis gewesen waren, war jetzt nur noch grenzenloses Mitleid. Und eine jähe Ehrfurcht vor der menschlichen Größe dieses Mannes, der in all seinem Elend klaglos versuchte, ihr Leid zu lindern.

Vielleicht war es diese Erkenntnis, dass er einen so viel höheren Preis als sie zu zahlen hatte, durch die sie das, was von nun an folgen sollte, anders wahrnahm als in der Zeit davor: Als Schikane eines verbrecherischen Systems und nicht mehr als Folge der vermeintlichen Verantwortungslosigkeit ihres Mannes.

Und der nächste Schlag kam bald: Zum 1. April 1936 wurde ihr die neue Wohnung in Cannstatt gekündigt. Begründung: Die Familie sei nicht würdig, in einer städtischen Wohnung zu leben. Durch seine kommunistische Betätigung hätte sich Theodor Decker außerhalb der Volksgemeinschaft positioniert, und Gertrud müsse nun als seine Ehefrau dieses Schicksal teilen.

Und dies sollte nicht der letzte Schlag gewesen sein.

79

Dienstag, 17. Dezember 1935, 22.00 Uhr, Stuttgart-Bad Cannstatt, Brunnenstraße 11, Gaststätte »Goldener Löwe«

*Gaststätte »Goldener Löwe«, Stuttgart-Bad Cannstatt, 2019*

80

Der mittelgroße Mann um die fünfzig im grauen Wollmantel ging zügig durch die stille Brunnenstraße in Richtung Wilhelmsplatz. Vor wenigen Minuten hatte er den »Goldenen Löwen« verlassen, eine alte Cannstatter Wirtschaft, die gerne von der Arbeiterschaft besucht wurde.

Zwei Tische neben ihm hatten einige Männer gesessen und waren bester Stimmung gewesen, obwohl es mitten unter der Woche war und bereits auf 22.00 Uhr zuging.

Keiner hatte auf ihn geachtet, wie er in der Ecke der holzgetäfelten Gaststube gesessen und in einer vier Wochen alten Ausgabe des »Kicker« die unglaubliche Geschichte vom letzten Lokalderby zwischen dem VfB Stuttgart und den Stuttgarter Kickers gelesen hatte, bei der sich in der Halbzeitpause Kickers-Mittelläufer Bruno Ribke an einem zusammenbrechenden Waschbecken so schwer verletzt hatte, dass er ins Krankenhaus gebracht werden musste.

Erst als er mit dem Artikel durch war und umblätterte, hatte er bemerkt, dass in der Zwischenzeit eine Frau das Lokal betreten hatte. Jetzt stand sie hinter einem der Männer und redete auf ihn ein: »Du musch doch morgen wieder ins Gschäft, jetzt komm halt mit hoim, Hemme.« Doch Hemme wollte ganz offenbar noch nicht: »Ein letschdes Bier noch, nur a kleins …«

Keine Ahnung, was den Kicker-Leser davon abhielt, sich gleich im nächsten Artikel zu versenken, und dazu brachte, stattdessen dem ehelichen Disput zuzuhören. Die Diskussion zwischen den beiden ging ein paarmal hin und her, bis sie schließlich voller Zorn sagte: »Wenn du jetzt net gleich kommsch, no sag i denne do, wer damals dem Hitler 's Wort abgschnitte hot …« Die Runde verstummte schlagartig. »Halt die Gosch«, ging ihr Mann dazwischen und sagte beschwichtigend in die Runde: »I woiß au net, was die für an Scheiß schwätzt …«, rief aber doch gleich nach der Bedienung, um zu zahlen.

Inzwischen war der unscheinbare Mann vom Nebentisch am Wilhelmsplatz angekommen, zielstrebig ging er in das blaugelbe Telefonhäuschen an der Ecke und wählte die Notrufnummer der Polizei.

81

Eine Stunde später hatte die Polizei herausgefunden, wer der Mann und die Frau waren, eine weitere halbe Stunde später klingelte es an der Haustüre von Wilhelm Bräuninger Sturm.

## Mittwoch, 18. Dezember 1935, 10.00 Uhr, Stuttgart, Heeresstandortlazarett Berg, Teckstraße

Hermann Medinger war überrascht, als die beiden Polizisten plötzlich hinter ihm standen. Vor allem deshalb, weil er einen von ihnen aus dem Remstal kannte, er tat im Korber Revier Dienst, nur sieben Kilometer von Medingers Heimatort Stetten entfernt.

»Was machsch du denn hier?«

»Hermann, mir müsset dich mitnehma.«

Nach Bräuningers Verhaftung war es schnell gegangen. Noch in der Nacht hatte er seine Beteiligung an dem Kabelattentat gestanden und Mittäter und Mitwisser genannt. Am frühen Morgen holte die Polizei Eduard Weinzierl, Alfred Däuble und den Ingenieur Rudolf Futterknecht ab, doch bei Hermann Medinger in der Stettener Obergass hatten die Polizisten Pech. »Der isch scho bei der Arbeit«, hatte seine Frau Berta gesagt. Medinger hatte im Heeresstandortlazarett Berg in der Teckstraße eine Stelle als Hausmeister gefunden – ausgerechnet dort, wo sich die vier in den Stunden vor dem Beilattentat getroffen hatten.

Daraufhin war einer der beiden Polizisten nach Stuttgart gefahren, um den Kollegen dort bei der Identifizierung zu helfen. Nun standen sie vor ihm.

»Aber umzieha werd i mi wohl no dürfa.«

»Von mir aus«, meinte der andere Polizist, »aber mir passet auf.«

Die beiden begleiteten Medinger zu seinem Stahlspind, in dem Hose, Hemd, Jacke und Mantel hingen. Er nahm die Kleider heraus und ging in Richtung Toilette.

»Aber da werdet ihr sicher net mit neiwella«, sagte er vor der Tür zu seinen Aufpassern.

82

»Noi, aber d'Jacke ond dr Mantel läsch bei ons, die brauchsch du net aufm Klo.«

Mist, dachte Medinger, während er in der Kabine seine blaue Arbeitskleidung aus- und Hemd und Hose anzog. Ahnten die beiden, was ihm durch den Kopf gegangen war, oder waren sie nur grundsätzlich misstrauisch?

Hermann Medinger öffnete das kleine Toilettenfenster und sah hinaus. Draußen wirbelten Schneeflocken von einem eisgrauen Himmel. Was sollte er tun? Wieder rausgehen zu den beiden Polizisten? Zu viel hatte er in den vergangenen Monaten und Jahren gehört und gesehen: Gerüchte über Folter und Mord in den Konzentrationslagern gingen herum, und niemals würde er die angstvoll geweiteten Augen eines SPD-Gemeinderats vergessen, der sich nach einer Haftstrafe völlig aus der Öffentlichkeit zurückgezogen hatte und auf der Straße jedem auswich, um nur ja nicht reden zu müssen. Was hatten sie mit diesem Mann gemacht?

Medinger war klar, dass sein eigener Fall nochmals auf einer anderen Ebene spielte – es ging hier schließlich nicht um ein paar Flugblätter oder Wortgefechte im Gemeinderat: Er hatte höchstpersönlich dem Führer eine Riesenblamage bereitet …

Es war entschieden. Medinger kletterte auf die Kloschüssel und zwängte sich durch das enge Fensterchen in den kalten Wintervormittag hinaus.

### Freitag, 17. Januar 1936,
### Landesfrauenklinik Stuttgart-Berg

»Gratuliere zu Ihrem Jungen.« Vorsichtig legte die Hebamme das Baby der Mutter in die Arme. »Er ist noch ein bisschen dünn, da müssen wir noch kräftig aufpäppeln, was?«

Gertrud Decker betrachtete das winzige Bündel mit gemischten Gefühlen. Fast auf den Tag genau vor einem Jahr war Theodor verhaftet worden. Sie erlebte noch mal, wie sie wochenlang zwischen Trauer

83

und Wut geschwankt hatte, Trauer, weil sie – obwohl er ihr nur wenig von seiner ersten Verhaftung vor drei Jahren erzählt hatte – ahnte, was ihr Mann dort durchmachen musste, Wut, weil er ihr hoch und heilig versprochen hatte, sich aus dem Widerstand zurückzuziehen, um seine Familie zu schützen.

Dann ihr Brief, dieser Besuch im Ludwigsburger Gefängnis und wie er ihr den Fehltritt großmütig verziehen hatte …

Und jetzt lag sie da mit dem Kind des anderen Mannes im Arm – Manfred sollte es heißen.

Was sie am meisten umtrieb: Zum 1. April sollte sie aus ihrer Wohnung ausziehen, mit dann drei Kindern – wo sollte sie bloß hin? Zu Eugen? Sie hatte Theodor fest versprochen, dies nicht zu tun …

Gertrud war völlig mittellos. Die Kosten für ihre Unterkunft und für die Entbindung bezahlte momentan noch das Wohlfahrtsamt, aber die Beamtin hatte genau wissen wollen, von wem das Kind sei, wo der Familienvater bei der Zeugung doch schon drei Monate im Gefängnis saß. Und so hatte sie Farbe bekennen müssen.


Zweieinhalb Wochen vorher war Medinger ins Saarland geflüchtet.

Er hatte sich, nachdem er aus dem Klofenster getürmt war, hemds-ärmelig im dichten Schneetreiben ins Remstal durchgeschlagen, nicht nach Hause natürlich, denn da würden sie ja auf ihn warten.

Er hatte in Urbach bei Familie Scheuing Unterschlupf gefunden. Erwin Scheuing hatte ihm gleich klargemacht: »Lang kannsch net bei ons bleiba, des isch viel zu gefährlich.«

Immer wieder hatten die beiden Männer hin und her überlegt, schließlich stand der Plan fest. In der Silvesternacht sollte sich Hermann Medinger ins Saarland absetzen, im dreirädrigen Kleinlaster der Scheuings. Dort sollte er sich bei Bekannten verstecken.

Dass Medinger überhaupt dorthin flüchten konnte, hatte er der Saarabstimmung elf Monate zuvor zu verdanken. Nach dem Ende des Ersten Weltkriegs war das Industriegebiet an der mittleren Saar vom Deutschen Reich abgetrennt und unter Verwaltung des Völkerbunds gestellt worden, Frankreich durfte als Wiedergutmachung für seine

84

Kriegsschäden die Steinkohlegruben ausbeuten. Nach 15 Jahren sollte ein Volksentscheid bestimmen, wie es weitergehen würde.

Am 13. Januar 1935 fand diese Abstimmung statt: 90 % der Saarbevölkerung wollte zu Deutschland zurück. In der Folge wurden die Grenzbefestigungen zwischen dem Deutschen Reich und dem Saargebiet abgebaut – und ermöglichten Hermann Medinger so freie Fahrt.

**Ostersonntag, 12. April 1936,
Stuttgart-Bad Cannstatt, Dortmunder Straße 9**

Gertrud saß an einem Brief an Theodor. Die Großmutter hatte Hans und Werner zum Ostereiersuchen abgeholt, Manfred schlief in seinem Wagen, zum ersten Mal seit Langem hatte Gertrud ein paar Stunden, in denen sie durchatmen und alles an sich vorbeiziehen lassen konnte. Die letzten Wochen waren ein einziger Albtraum gewesen.

Gerade saß sie in einer fast leeren Wohnung, in der nur noch der Küchentisch, ein paar Stühle und die Betten für sie und die Kinder standen. Den Rest hatte sie in einem leeren Raum auf dem Dachboden und bei einer Nachbarin untergestellt, immer in Angst vor dem Gerichtsvollzieher. Seit zwölf Tagen war sie über dem Kündigungstermin, sie hatte zwar Einspruch erhoben, hatte aber doch jeden Tag von Neuem Sorge, dass sie zwangsgeräumt werden würde. Wohin sollte sie gehen? Sie hatte immer wieder probiert, eine günstige Wohnung zu bekommen, doch als Frau eines Staatsfeindes – keine Chance.

»Eugen hat mir den Vorschlag gemacht, er würde eine Wohnung auf seinen Namen mieten, dann soll ich zu ihm«, schrieb sie in dem Brief an Theodor, »aber ich wehre mich mit Händen und Füßen dagegen, denn wenn das infrage kommen müsste, dann müsste ich mich von dir trennen, dann könnte ich mein Versprechen dir gegenüber nicht mehr aufrechthalten. Da du doch nach deiner Verhandlung von mir verlangt hast, mit ihm abzubrechen. Das habe ich insofern getan, dass ich ihm erklärt habe, [ich] hätte meinem Mann versprochen, bei ihm zu bleiben, und somit könne ein intimes Zusammensein nicht mehr infrage kommen. Er lässt sich aber trotz meines Entschlusses nicht fortschicken, er sagt, er könne warten …«

Drei Tage früher, am Gründonnerstag, war im Oberlandesgericht Stuttgart ein bemerkenswert mildes Urteil gefallen. Die Kabelattentäter Bräuninger, Däuble und Futterknecht mussten für zwei Jahre, Weinzierl für zwei Jahre und vier Monate ins Gefängnis. Und nicht ins KZ. Was dort geschah, dass dort die völlige Rechtlosigkeit herrschte, das hatte sich bereits überall herumgesprochen.

Die Begründung des Urteils war für die damalige Zeit erstaunlich, denn der Richter hatte sich ganz offenbar an rechtstaatlichen Normen orientiert und argumentiert, die KPD sei zum Zeitpunkt des Attentats noch nicht verboten gewesen.

Ein relativ mildes Urteil für eine Blamage des Führers – und das ausgerechnet an dem Gericht, das von Hermann Cuhorst geleitet wurde.

»… Unser Führer hat am Freitag, den 27. März, wortwörtlich gesagt, dass kein Mensch in Deutschland obdachlos sein wird, und trotzdem nimmt man mir meine Wohnung, ob ich eine andere hab oder nicht. Für heute genug. Es grüßt Dich Gertrud, Hans und Werner.«

Gertrud Decker faltete den Brief zusammen und steckte ihn in einen Umschlag.


**Nacht von Donnerstag, 30. April, auf Freitag, 1. Mai 1936, Stetten im Remstal, Obergass, Wohnhaus von Hermann Medinger**

Es wirkte wie eine Inszenierung eigens für diese Walpurgisnacht. Der Schein mehrerer Taschenlampen irrte an den Fassaden der Winzerhäuser entlang, als ein Trupp Landjäger und SA-Männer kurz vor Mitternacht das Haus von Hermann Medinger umstellte. Der Tipp war von einem Nachbarn gekommen, dem SA-Sturmführer Hildenbrand. Der war sich sicher, dass der gesuchte Medinger wieder nach Stetten zurückgekehrt sei.

86

Der Denunziant lag richtig. Medinger hatte es im Saarland einfach nicht länger ausgehalten. Seine Frau mit der ganzen Arbeit und dem Schlamassel allein zu lassen, das lag dem pflichtbewussten Schwaben nicht.

Einige Tage gelang es ihm, sich zu verstecken, doch dann musste ihn Hildenbrand gesehen haben. Als Medinger das Brummen mehrerer nahender Autos hörte, schöpfte er sofort Verdacht, floh ins Nachbarhaus und versteckte sich auf dem Dachboden unter einem Haufen Reisig. Leider vergeblich.

### Donnerstag, 21. Mai 1936, Stuttgart-Ost, Rotenbergstraße 60

Die Hände, in denen Gertrud den Brief hielt, zitterten: Das Amtsgericht Stuttgart II in Bad Cannstatt hatte mit Beschluss vom 14. Mai 1936 die »vorläufige Fürsorgeerziehung« für Hans und Werner angeordnet. Schlagartig wurde ihr jetzt klar, warum sie mit ihrem Hauptargument gegen die Kündigung ihrer Wohnung, nämlich dass dadurch drei unschuldige Kinder obdachlos werden würden, stets auf taube Ohren gestoßen war – im Hintergrund war da dieser Vorgang bereits angelaufen.

Zur Begründung diente Gertruds »verwerflicher Lebenswandel«. Im Urteil hieß es: »Sie unterhält seit der Abwesenheit ihres Mannes mit einem gewissen Eugen H. ein ehebrecherisches Verhältnis … will aber in letzter Zeit nicht mehr intim mit ihrem Freunde verkehrt haben. Sie schickt sich dennoch nicht an, das Verhältnis zu lösen … Im Gegenteil kam H. bisher regelmäßig ins Haus.«

Von diesem Vorgehen musste natürlich auch die »10. Civilkammer« am Landgericht Stuttgart gewusst haben, als sie bereits am 2. Mai Gertruds Einspruch gegen die Zwangsräumung ihrer Wohnung in der Dortmunder Straße mit der Bitte um Fristverlängerung bis zum 1. Juni als »unbegründet und kostenfällig« abgewiesen hatte.

Zynisch war die Begründung des Gerichts, das durchaus feststellte, dass die »Schuldnerin wegen der Zuchthausstrafe ihres Mannes auf

87

unabsehbare Zeit keine Wohnung finden wird«, unfassbar perfide ist aber der Schluss, den der Amtsrichter aus diesem Umstand zog: »Es besteht also keine Aussicht, dass die Schuldnerin bis zum 1. Juni 1936 eine Wohnung erhalten kann und damit ist eine weitere Hinausschiebung der Räumung zwecklos.«

Gertrud musste gehen, wenn sie nicht vor den Augen ihrer Kinder und Nachbarn von Polizisten aus der Wohnung hinausgeschleppt werden wollte. In ihrer Not gab sie den immer noch sehr schwachen Manfred einige Tage später in die Obhut des Städtischen Kinderheims und zog mit den anderen beiden Kindern zu Theodors Mutter. Elise Decker wohnte in einem großen, aus Ziegeln gebauten Mietshaus in der Rotenbergstraße, einer ruhigen Ostheimer Straße, deren Fahrbahn durch einen mit wunderschönen alten Bäumen bestandenen Sandstreifen in zwei Hälften geteilt wurde – ein toller Spielplatz, fanden die beiden Buben.

Doch dann – nur wenige Tage nach dem Umzug – der Brief mit der Fürsorgeentscheidung. Sie sollte Hans und Werner im Charlottenkinderheim abliefern.

Hörte das denn nie auf?

Nein. In den nächsten Wochen konnte sie ihre Kinder noch wenigstens nach einer kurzen Straßenbahnfahrt besuchen, doch auch das änderte sich ab 5. Juni drastisch: Werner und Hans wurden in das NS-Erziehungsheim Lichtenstern in Löwenstein bei Heilbronn gebracht.

Jetzt lagen 60 Kilometer Luftlinie zwischen Gertrud und ihren Kindern.


Ende Juni wurde Hermann Medinger vor Gericht gestellt. Auch seine Strafe war vergleichsweise milde: 22 Monate Gefängnis, zu verbüßen in der Haftanstalt Rottenburg.

So saßen jetzt – drei Jahre und vier Monate danach – die meisten der am Stuttgarter Kabelattentat Beteiligten hinter Gittern: die vier Männer, die das Übertragungskabel durchschlagen hatten, und der Ingenieur Rudolf Futterknecht, in dessen Wohnung das Ganze ausgetüftelt wurde. Lediglich der Kopf der Aktion, Kurt Hager, war noch auf der Flucht. Und dass sie mit Theodor Decker den entscheidenden Tippgeber bereits in Händen hatten, das wussten die Nazis nicht.

## Donnerstag, 11. Juni 1936, Löwenstein, NS-Erziehungsheim Lichtenstern

Der Tag war wie jeder andere – eigentlich. Seit fünf Tagen waren Hans und Werner jetzt schon hier, schockiert von der Lieblosigkeit, dem strengen Regiment und den drakonischen Strafen. »Wir wurden bei den kleinsten Vergehen geschlagen, auch mit Riemen«, würde Hans später berichten, »wir wurden gelegentlich auch länger als 24 Stunden eingesperrt und mit Nahrungsentzug bestraft.«

Jeden Morgen um sechs wurden die Kinder in den riesigen Schlafsälen rüde aus den Betten gejagt, rasches Waschen mit kaltem Wasser, dann in Zweierreihen zu einem Frühstück mit Butterbrot und Malzkaffee, dann Schule, die stets mit dem Hitlergruß begann: »Wer bockig ist, wird seine Mutter nie wiedersehen«, drohte der Lehrer immer wieder.

Beim Mittagessen mussten die Zöglinge an den riesigen Tischen ruhig mit durchgedrücktem Rücken und beiden Händen auf dem Tisch sitzen und warten, bis der Tischälteste das Essen auf die Blechteller verteilt hatte. Danach ging es auf die Felder und in die Ställe des ehemaligen Klosters – dort mussten die Kinder bis zum Abendbrot arbeiten.

Ein Tag wie jeder andere? Ja. Und nein. Denn es war der 11. Juni, der elfte Geburtstag von Hans. Und in 26 Tagen würde Werner seinen fünften Geburtstag in dieser Hölle feiern.

## Sonntag, 21. Juni 1936, Stuttgart

Der traurigste Sommeranfang im Leben Gertrud Deckers: Manfred hatte es nicht geschafft. Den Entbehrungen der kleinen Familie, der ständigen Unruhe und Not nicht gewachsen, war er immer schwächer

89

und schwächer geworden. Gestern war er im Städtischen Kinderheim gestorben. Gertrud hatte wie gelähmt auf die Nachricht reagiert: Der Schmerz über den Verlust des Kindes, das Gefühl, dass es ja vielleicht eine Strafe für den Ehebruch sein könne, die Reaktionen von Nachbarn und Bekannten, die ihr mehr oder minder direkt zu verstehen gaben, dass es so wohl für alle Beteiligten das Beste gewesen sei – all dies ging ihr pausenlos im Kopf herum.

Auch Eugen hatte der Tod Manfreds tief getroffen. Wie sehr hatte er gehofft, dass das gemeinsame Kind Gertrud und ihn zusammenschweißen würde. Und wie hart war es für ihn gewesen, zu erkennen, dass der ferne abwesende Mann einen stärkeren Einfluss auf Gertrud hatte als er, der sich nun seit eineinhalb Jahren aufopferungsvoll um sie bemühte.

Es half einfach nichts: Er wollte diese Frau haben, nur sie. Und er hatte alles dafür getan. Alles. Aber aufgeben? Irgendwann würde sie schon zur Vernunft kommen, davon war Eugen Holzmann überzeugt, er musste sie nur immer weiter ins Elend trudeln lassen …

Als ein halbes Jahr nach Manfreds Tod Gertrud eine Rechnung von der Rechtsabteilung des Städtischen Wohlfahrtsamts Stuttgart erhielt, handelte er genau in diesem Sinne.

Das Amt war mit den Kosten für Entbindung (30 RM) und den Verpflegungskosten für den Jungen von 13. Mai bis zu seinem Todestag am 20. Juni 1936 (64,60 RM) in Vorleistung gegangen. Jetzt forderte das Amt das Geld ein, zunächst von Gertrud, da sie aber mittellos war, nun vom leiblichen Vater.

Doch Eugen Holzmann dachte überhaupt nicht daran, zu bezahlen, »da der Ehemann Hans Theodor Decker die Ehelichkeit des Kindes noch nicht angefochten habe und er daher nicht zur Bezahlung verpflichtet sei«.

Als sich das Wohlfahrtsamt daraufhin an die Gefängnisleitung in Ludwigsburg wandte, lehnte Regierungsdirektor Seitler es ab, die Forderung an den Gefangenen weiterzureichen, da »Theodor Decker kein verfügbares Geld besitzt, die Rücklage darf nach gesetzlicher Vorschrift nur zur Vorbereitung der Entlassung angegriffen werden.«

# Kapitel 5: Die Rache

Donnerstag, 2. Juni 1938,
Stuttgart, Polizeigefängnis II

Am Morgen war Theodor Decker vom Zuchthaus Ludwigsburg nach Stuttgart verlegt worden. Dort sollte – wie es das Gerichtsurteil vorsah – geprüft werden, ob weitere Schutzhaft nötig sei oder ob Decker entlassen werden könnte. Er begann wieder Hoffnung zu schöpfen.

Decker hatte eine lange Reise hinter sich. Am 15. April 1937 war er von Ludwigsburg ganz in den Nordwesten Deutschlands, in die Gegend von Papenburg verlegt worden. Das »Strafgefangenenlager II Aschendorf« war eines von 15 Emslandlagern, in denen die Häftlinge mit einfachsten Werkzeugen riesige Moore kultivieren mussten.

Den Winter 1937/38 verbrachte Theodor Decker zu großen Teilen in den Berliner Gefängnissen Plötzensee und Moabit, danach wurde er wieder ins Moor geschickt, ins Lager IV in Esterwegen. Die harte Arbeit und die brutale Behandlung durch die Wachmannschaften hatten drei Häftlinge in dem zehn Kilometer entfernten Lager Börgermoor – nach einer Prügelorgie der SS-Wachleute – in einem Lied verewigt, das weltbekannt werden sollte: »Die Moorsoldaten«.

Auch Theodor Decker sang das Lied, wenn er frühmorgens mit dem Spaten auf der Schulter in Kolonne ins Moor marschierte, vor allem die letzte Strophe weckte den letzten Rest Zuversicht in ihm immer wieder zu neuem Leben:

Doch für uns gibt es kein Klagen,
ewig kann's nicht Winter sein.
Einmal werden froh wir sagen:
Heimat, du bist wieder mein!

Mit dem Sommer schien auch die Erfüllung dieses Traums näher zu rücken: Am 23. Juli 1938 sollte es endlich so weit sein, der Tag seiner Entlassung stand bevor.

Hoffte er.

Doch hinter den Kulissen wurden bereits Pläne geschmiedet, die ebendies verhindern sollten: Das System verzieh nicht, wenn man sich einmal gegen es gewandt hatte.

Zunächst wollte das Amtsgericht die endgültige Fürsorgeerziehung für die beiden Söhne anordnen. Um einen letzten Anschein von Rechtsstaatlichkeit vorzutäuschen, wurden dazu auch die Betroffenen gehört, auch Theodor Decker wurde um Stellungnahme gebeten.

Er schrieb: »Ich werde voraussichtlich am 23. Juli 1938 entlassen, dann will ich mich ganz meiner Familie widmen und unseren Lebensunterhalt durch Arbeit in einer Fabrik verdienen. Meine Frau arbeitet schon 1,5 Jahre in den Norma-Kugellagerwerken in Bad Cannstatt und wohnt in Cannstatt, Heidelberger Straße 24, bei Familie Wüst. Wir wollen uns dann wieder eine Gemeinschaftswohnung nehmen. Ich lege sehr großen Wert darauf, dass uns die Kinder belassen werden, denn sie sind das bindende Glied, das mich mit meiner Frau noch verbindet.«

Doch da hatte ein Gutachter, ein gewisser Oberlehrer Tischer, schon vorgebaut. Er schrieb: »Seine Frau ist sittlich nicht einwandfrei, sodass ihr die Erziehung ihrer 2 Knaben nicht anvertraut werden konnte.«

Und bei der Beurteilung des Vaters wurde er noch deutlicher: »Decker ist ein frecher und eigensinniger Mensch, der gerne den Wortführer macht. Er wird von mir als oberflächlicher Mensch beurteilt … [Er] hat sich nach meinem Dafürhalten nicht gewandelt und ist heute noch ein verhetzter, verbitterter Mensch, auf den man wohl achtgeben muss … Politisch erscheint er mir durchaus unzuverlässig, seine einzig gute Seite ist die starke Liebe zu seinen 2 Buben, die er möglichst rasch wieder in seine Obhut bekommen will und für die er sicher auch recht gut sorgen wird.«

92

Wer nun an dieser Stelle damit rechnet, dass der Mann vorschlug, wenigstens zum Wohle der Kinder Gnade walten zu lassen, wird mit dem nächsten Satz wieder auf den Boden der Unmenschlichkeit zurückgeholt: »Ich bin für Anordnung der Schutzhaft und für Durchführung von Polizeiaufsicht.«

Damit waren schon vor dem offiziellen Prüfungstermin die Weichen gestellt: Theodor Decker würde zwar aus dem Gefängnis entlassen werden, aber diese Entlassung führte ihn direkt ins KZ.

Eiskalt nahm die Naziobrigkeit Rache an ihren Gegnern.

**Donnerstag, 11. November 1938,
KZ Welzheim**

Seit neun Tagen war er nun schon hier im Welzheimer Wald. Nach der Ablehnung seiner Entlassung war er von Stuttgart in die Haftanstalt Augsburg verlegt worden, nach nur vier Tagen ging es weiter ins KZ Dachau. Aber auch dort blieb er nur zwei Monate, bevor er hierher verlegt wurde. Die Logik hinter diesen hektischen Verschubungen konnte Decker sich nur so erklären, dass damit entstandene Bindungen zwischen Häftlingen immer wieder auseinandergerissen werden sollten.

Doch seit gestern war etwas anders als in den Tagen zuvor. Ständig kamen in Welzheim Transporte mit Männern an, die rüde von den Ladeflächen getrieben wurden: »Los, los, du Judensau – oder soll ich dir Beine machen?«

Decker gelang es, mit einem von ihnen zu sprechen. In Stuttgart hatten in der Nacht zuvor die Synagogen in der Hospitalstraße und in der König-Karl-Straße in Bad Cannstatt in Flammen gestanden. Die Feuerwehr hatte nicht nur nicht eingegriffen, es war den Löschmannschaften von ihren Chefs ausdrücklich untersagt worden zu löschen. Darüber hinaus waren mit kaum vorstellbarem Vandalismus überall in der Stadt jüdische Geschäfte zerstört und geplündert worden: Das Kaufhaus Tanne in der Tübinger Straße, das Radiogeschäft Jacobs in der Hauptstätter Straße, die Filialen des Schuhhauses Speier in der

Königstraße und am Marktplatz, das Modehaus Bamberger & Hertz in der Poststraße, das Fotogeschäft Salberg in der Königstraße und, und, und …

Die Schaufenster waren eingeschlagen, die Ladeneinrichtungen zertrümmert, Waren herausgerissen und geplündert, aus jüdischen Wohnungen und Büros hatte man Möbel und Einrichtungsgegenstände auf die Straße oder in die Innenhöfe geworfen, Schreibtische, Schränke, Schreibmaschinen, Betten, Wohnzimmersofas lagen zerschlagen herum …

Die ganze Nacht über waren Menschen aus ihren Wohnungen geholt, misshandelt und zusammengetrieben worden. Und viele von ihnen, ausschließlich Männer, waren jetzt hier in Welzheim. Und sie waren nicht nur aus Stuttgart. Sondern aus Heilbronn, Göppingen, Ludwigsburg, Schwäbisch Gmünd … Und überall die gleiche sinnlose Zerstörungswut.

Theodor Decker war schockiert. Ihm wurde klar, dass das Regime seine Maske fallen gelassen hatte. Dass man Menschen bei Nacht und Nebel aus ihren Wohnungen holte, sie in abgelegenen Lagern quälte und ausbeutete, war schon Verbrechen genug. Aber jetzt machte man sich ganz offensichtlich gar nicht mehr die Mühe, dies zu verschleiern.

Nach und nach wurden diese Männer wieder weggebracht. Einer hatte ihm erzählt, dass er mit Schlägen gezwungen worden sei, einen Auswanderungsantrag zu stellen und dabei auf sein gesamtes Vermögen zu verzichten. Wer unterschrieb, durfte schneller nach Hause.


**Dienstag, 27. September 1939,**
**KZ Mauthausen bei Linz, Oberösterreich**


Das Plakat war sehr klar und übersichtlich: »Wir stellen her:« stand in großen Lettern im Zentrum, das von sechs Fotos von Steinbrüchen umrahmt war: »kleinkörniger Granit, graublau, hell, mittel, dunkel – in folgenden Ausführungen: Rohblöcke, Quader, Verblend- oder Schichtsteine, Fensterbänke …« – es folgten noch 13 weitere Beispiele.

94

Wer diese Werbung der »Deutschen Erd- und Steinwerke GmbH« sah, ahnte nicht, dass sich dahinter tausendfacher Tod und staatliche Vernichtung verbargen. Denn die zentnerschweren Rohblöcke und Quader mussten von Tausenden unterernährten Häftlingen zum Großteil von Hand aus den Steinbrüchen von Mauthausen und den Außenlagern Gusen I bis III geschlagen, in Form gehauen und dann auf dem Rücken über die »Todesstiege« transportiert werden, eine 31 Meter hohe Treppe mit 186 Stufen. In Fünferreihen quälten sich die endlosen Häftlingsschlangen nach oben. Und immer wieder brachten sadistische Aufseher Häftlinge auf den obersten Stufen zum Straucheln und Stürzen – im Fallen rissen sie andere samt ihren Lasten in die Tiefe.

Auch die 50 Meter hohe senkrechte Wand des Steinbruchs, im zynischen SS-Jargon »Fallschirmspringerwand« genannt, war Ort zahlreicher Morde: Ständig wurden Häftlinge von den Wächtern heruntergestoßen, oder sie sprangen von selbst, aus lauter Verzweiflung, weil sie die Quälereien und den brutalen Arbeitsdruck nicht mehr aushielten …

Theodor Decker stand mit anderen Häftlingen nackt vor dem niedrigen Zellenbau, vor ihnen ein Stativ mit einem Fotoapparat – so wurden hier alle Neuankömmlinge erst einmal fotografiert. Vier Monate lang war er in Welzheim gewesen, dann noch mal sechs Monate lang, den ganzen Sommer über, in Dachau. Heute war er in Mauthausen angekommen.

Vor vier Wochen hatte das Regime einen weiteren Schritt getan, um sein wahres Gesicht zu zeigen: Es hatte Polen den Krieg erklärt. In Dachau hatten sie auf dem Appellplatz die Rede des »Führers« anhören müssen, keiner von ihnen hatte auch nur eine Sekunde lang geglaubt, dass das kleine Polen das mächtige Reich angegriffen und Hitler zum »Zurückschießen« gezwungen hatte – sie alle hatten am eigenen Leib erfahren müssen, zu welchen Teufeleien die Nazis fähig waren.

Vier Jahre, acht Monate und elf Tage waren seit der Verhaftung Deckers im Januar 1935 vergangen, Mauthausen sollte die letzte Station seiner Leidensreise sein, die ihn durch zwölf Gefängnisse und Konzentrationslager geführt hatte. Aber noch lagen vier Monate vor ihm, mit elf Stunden Steinbrucharbeit täglich, mit brutaler Behandlung durch die Kapos, mit mageren Essensrationen, die aus dünner Extraktbrühe und Steckrübeneintopf bestanden – viel zu wenig Kalorien für die unmenschliche Arbeit. Alle Männer glichen Skeletten. Starb einer im Zellentrakt, so versuchte oft sein Nebenmann, dessen Tod zu verheimlichen, um wenigstens einen Tag lang dessen Essensration abgreifen zu können – »Leichen züchten« nannten die Gefangenen diese Praxis.

### Mittwoch, 8. November 1939, 21.20 Uhr, München, Rosenheimer Straße, Bürgerbräukeller

Schon nach wenigen Wochen hatte Warschau kapituliert, heute war Hans Frank zum Generalgouverneur von »Rest-Polen« ernannt worden. Das war der eine Grund für Hitler zum Feiern. Der andere: Heute vor 16 Jahren war er gegen 20.30 Uhr an der Spitze eines Trupps Nationalsozialisten in den Saal im Bürgerbräukeller gestürmt, 30 Minuten nachdem dort der bayerische Generalstaatskommissar Gustav von Kahr seine Rede begonnen hatte. Hitler stieg auf einen Stuhl, feuerte aus einem Revolver in die Decke und erklärte den Ausbruch einer »nationalen Revolution«. Die Tumulte an diesem und am nächsten Tag sollten als »Hitlerputsch« in die Geschichte eingehen und – zunächst – beim »Marsch auf die Feldherrenhalle« blutig enden.

Nun wollte Hitler – wie jedes Jahr am 8. November – am Ort des Geschehens mit Alten Kämpfern und der gesamten Parteiführung diesen Gedenktag begehen. Und um dieselbe Zeit eine Rede halten:

»Parteigenossen und -genossinnen!

Meine deutschen Volksgenossen!

Auf wenige Stunden bin ich zu euch gekommen, um in eurer Mitte wieder die Erinnerung an einen Tag zu erleben, der für uns, für die

Bewegung und damit für das ganze deutsche Volk von großer Bedeutung war …«

Und wieder hatte einer einen Plan gefasst, eine Hitlerrede für einen Akt des Widerstands zu nutzen, wieder ein Schwabe. Um 21.20 Uhr ging die Zeitbombe hoch, die der aus Hermaringen bei Heidenheim stammende Georg Elser in einer Säule versteckt hatte: Acht Tote und 63 Verletzte forderte der Anschlag – doch der »Führer« war nicht darunter. Er war mit seiner Rede früher fertig gewesen und hatte den Saal um 21.07 Uhr verlassen – 13 schicksalhafte Minuten zu früh.

Und der Wahnsinn ging ungebremst weiter.

### Samstag, 27. Januar 1940, KZ Mauthausen

Die Wiener Ausgabe des »Völkischen Beobachters« vom 27. Januar 1940: Ein Jubelbericht von der Westfront, eine Meldung über den Abschuss eines britischen Flugzeugs bei Duisburg, auf Seite 5 ein Kommentar zu der »verjudeten englischen Wirtschaft«. Wer in Linz und Umgebung wohnte, interessierte sich besonders für die Rubrik »Aus dem Gau Oberdonau«, wo man an diesem Samstag von einer Tragödie erfuhr: Der Bauer Ferdinand Ortmayr aus Wimm hatte sich nachts – wohl nach einem Wirtshausbesuch im Nachbardorf – verlaufen und irrte bei »beißender Kälte umher, bis er endlich mit schweren Erfrierungen an beiden Füßen völlig erschöpft bei einem Bauern Aufnahme fand«.

Diese Kältewelle hatte bereits zehn Tage früher begonnen und am 18. Januar ihren Tiefpunkt erreicht: Auf der Zugspitze wurden minus 21,5 Grad, in Dresden minus 15,2 Grad gemessen – der Winter hielt ganz Europa in seinen eisigen Klauen. Für den Bauern Ferdinand Ortmayr wurde die Kälte noch zum Verhängnis, als er sich schon bei seinem Nachbarn in Sicherheit glaubte. »Der Bedauernswerte litt solche Schmerzen«, meldete der »Völkische Beobachter«, »dass er sich in rasendem Wahn eine gefrorene Zehe abbrach. In Linz wurden ihm beide Füße abgenommen. Eine Lungenentzündung führte schließlich den Tod herbei.«

Während man dies in Linz und Umgebung las, starb – wenige Kilometer entfernt – ein anderer Mann ebenfalls an Lungenentzündung – zumindest wurde dies als offizielle Todesursache angegeben. Über ihn verlor jedoch niemand auch nur ein einziges Wort des Mitleids, dieser Tote war lediglich die »laufende Nummer« 399 im Mauthausener Totenbuch. Der Mann mit der Häftlingsnummer 18528 war gegen 15 Uhr gestorben, knapp fünf Stunden später, um 19.50 Uhr, wurde in der Kommandantur ein Telegramm aufgegeben, der Text: »Ehemann heute im Lager verstorben. Näheres durch Polizei. Ziereis, Lagerkommandant« – die Empfängerin: Gertrud Decker in Stuttgart-Bad Cannstatt.

War Theodor Decker wie der Bauer Ferdinand Ortmayr ein Opfer der Kälte geworden? Es ist sehr wahrscheinlich, dass sein von unmenschlicher Steinbrucharbeit ausgemergelter Körper in der viel zu dünnen gestreiften Häftlingskleidung aus Zellwolle und den klobigen Holzschuhen, in denen die mit Lumpen umwickelten Füße steckten, den andauernden Minustemperaturen einfach nichts mehr entgegenzusetzen hatte. Vielleicht war er aber auch einfach totgeprügelt oder von der »Fallschirmspringerwand« gestoßen worden – so wie viele Tausend andere Häftlinge vor und nach ihm.

Ein tragisches Detail: Der 27. Januar ist heute ein Gedenktag. Genau fünf Jahre nach Deckers Todestag wurde Auschwitz als erstes deutsches KZ befreit. Mauthausen sollte das letzte sein. Erst am Morgen des 5. Mai 1945 fuhr ein Spähwagen der 11. Panzerdivision der US Army in das KZ Mauthausen ein.

Der Lagerkommandant Franz Ziereis, der das Todestelegramm an Gertrud Decker geschickt hatte, flüchtete rechtzeitig und versteckte sich 100 Kilometer entfernt in einer Alpenhütte in Spital am Pyhrn an der Grenze zur Steiermark. Doch amerikanische GIs spürten ihn dort am 22. Mai auf und verletzten ihn nach einem Fluchtversuch mit drei Schüssen so schwer, dass er drei Tage später starb.

98

*Franz Ziereis (2. v. l.), neben Heinrich Himmler), Kommandant Mauthausen*

Zuvor jedoch hatte er auf dem Sterbebett vor amerikanischen Soldaten ein umfassendes Geständnis abgelegt, in dem er nicht nur seine persönliche Beteiligung an der Tötung Tausender Häftlinge zugab, sondern auch, von solchen Scheußlichkeiten gewusst zu haben wie der Verwendung der Haut tätowierter Häftlinge für Buchrücken oder Lampenschirme.

Nach seinem Tod wurde Ziereis' Leiche von Ex-Häftlingen geraubt und – nackt und mit Hakenkreuz und »Heil Hitler« beschmiert – im Stacheldrahtzaun aufgehängt.

99

Im Lager war noch bis kurz vor der amerikanischen Besetzung gequält und getötet worden. 100 000 Mordopfer, das ist die fürchterliche Bilanz dieses KZ, eine Zahl, in der ein Einzelschicksal wie das von Theodor Decker unterzugehen droht.

## Samstag, 15. Juni 1940, Stuttgart, Roßbergstraße

Eugen Holzmann war glücklich: Er hatte es geschafft. Strahlend hielt er die Hochzeitsausgabe von »Mein Kampf«, in den Händen, die der Standesbeamte jedem Brautpaar übergab. Die Wochen davor waren wie im Rausch vergangen.

Seine Gertrud hatte endlich »Ja« gesagt, sie beide waren für »erbgesund« erklärt worden, und auch im Krieg lief alles wie am Schnürchen: Am 9. April hatte die Wehrmacht mit dem Unternehmen »Weserübung« Dänemark und Norwegen überfallen und war auf so wenig Widerstand gestoßen, dass sie ihre Truppen rasch verlegen und so bereits am 13. Mai den Westfeldzug gegen Frankreich beginnen konnte. Das Unterfangen wurde – so nicht geplant – zum Blitzkrieg, die Franzosen hatten den schnellen Panzertruppen nichts entgegenzusetzen, bereits gestern war die umjubelte Nachricht gekommen, dass Paris besetzt werden konnte.

In diesem Siegestaumel wurde aus Gertrud Decker Gertrud Holzmann.

Eugen brachte Sigurd, seinen Sohn aus erster Ehe, mit, und auch Gertruds Söhne waren nach einer Intervention ihres Bruders, einer einflussreichen NS-Größe, wieder bei ihrer Mutter.

Eugen hatte in der Roßbergstraße eine geräumige Erdgeschosswohnung gemietet, die drei Jungs verstanden sich gut, sie waren jetzt eine richtige Familie, ordentlich, geachtet, die schlimmen Zeiten waren vorbei, davon waren alle überzeugt. 300 Meter Luftlinie von Theodor Deckers letzter Wohnung sollte nun – viereinhalb Monate nach der Todesnachricht – ein neues Leben beginnen.

100

71 Tage nach diesem Freudenfest wurden sie nachts zum ersten Mal durch Sirenengeheul aus den Betten gerissen. Es sollten noch viele weitere Male folgen.

**Sonntag, 25. August 1940,**
**früher Nachmittag, Stuttgart-Gaisburg**

So viele Menschen waren noch nie durch die engen Gassen von Gaisburg promeniert – was gab's da sonst auch zu sehen: kleine Arbeiter- und Winzerhäuser, schmucklose Industriebauten, der Gaskessel, der Schlachthof, der Güterbahnhof.

Heute war das anders. Heute war Gaisburg eine Sensation. Zu besichtigen waren die Schäden des ersten Luftangriffs auf Stuttgart: zerborstene Dachstühle, kaputte Fenster, Trümmer auf den Straßen.

*Erster Luftangriff auf Stuttgart*

101

Um 0.16 Uhr hatten die Sirenen geheult, auf- und abschwellend, eine Minute lang, 18 britische Bomber waren im Anflug auf die Stadt.

Eugen und Gertrud hatten die Kinder geweckt, alle zogen sich in Windeseile an, schnappten ihre Koffer, in die sie Ausweispapiere und das Nötigste eingepackt hatten, und gingen in den Keller. Schon vor fünf Jahren waren Bunkerbau, Umrüstung von Kellern und Verhalten bei Luftangriffen im Luftschutzgesetz geregelt und zwei Jahre später noch präzisiert worden: Inzwischen waren die Dachböden entrümpelt, jetzt standen dort Eimer voller Sand zum Löschen von Stabbrandbomben.

Um 0.43 Uhr fielen die ersten Bomben. Und sie schlugen in der unmittelbaren Umgebung ein, das fühlten die Holzmanns und ihre Nachbarn im Keller an den Erschütterungen. Eine Welle kam nach der anderen, die Angst wuchs – damit hatte man nicht gerechnet, dass es einmal so weit kommen würde ...

Was zu dem Zeitpunkt keiner wusste: Das Bomberkommando wollte eigentlich die Daimler-Werke – eine der großen Rüstungsschmieden des Reichs – treffen, fand sie aber nicht, immer wieder flog das kleine Geschwader an – vergebens. Nach einer halben Stunde drehten die Maschinen ab, um 1.24 Uhr gaben die Sirenen Entwarnung.

Vier Tote waren durch den Angriff zu beklagen, darunter ein Ehepaar, das die verhängnisvolle Entscheidung getroffen hatte, nicht in den Keller zu gehen, sondern im Erdgeschoss des Gasthauses »Krone« zu bleiben.

Es war der erste Bombenangriff auf die Stadt gewesen – 52 weitere sollten folgen. Und sie sollten schlimmer werden. Viel schlimmer.

### Montag, 1. Dezember 1941, Stuttgart, Nordbahnhof

Die etwa 1000 Menschen, die sich auf dem Verladebahnsteig des Güterbahnhofs drängten, starrten fassungslos auf die Güterwaggons – hier sollten sie einsteigen?

102

In den letzten Tagen waren sie in ganz Württemberg und Hohenzollern aus ihren Wohnungen geholt und zunächst auf das Gelände der Reichsgartenschau auf dem Killesberg gebracht worden. Mit der Begründung, sie seien Juden und deshalb für einen Arbeitseinsatz im Osten ausgewählt worden.

Auch in der Roßbergstraße hatte man bemerkt, dass in der Nachbarschaft Juden ihre Wohnungen verließen – kaum einer fragte nach, was da vor sich gehe.

Stuttgart hatte sein Gesicht verändert. Das zeigte sich bis hin zum »Mathematischen Arbeits- und Lehrbuch«, das der mittlerweile neun Jahre alte Werner in seinem Schulranzen trug. Als ihm seine Mutter neulich bei den Hausaufgaben helfen wollte, fiel ihr Blick auf eine Multiplikationsaufgabe:

»Ein Geisteskranker kostet die Allgemeinheit täglich 8 RM.

a) Wie viel kostet ein Geisteskranker jährlich? Wie viel in 40 Jahren?

b) Wie groß waren die Ausgaben für Geisteskranke im Jahr 1935, wenn 199 028 Geisteskranke vorhanden waren?«

Bei Familie Holzmann hatte sich sonst nicht viel geändert, Eugen war für einen Fronteinsatz zu alt, die Buben noch zu jung. Es hatte zwar im ganzen Jahr 1941 keine Luftangriffe mehr gegeben, dafür häuften sich in den Zeitungen die Todesanzeigen von Frontsoldaten, immer öfter stand da »gefallen im Osten«. Der deutsche Angriff hatte sich vor den Toren von Moskau festgefressen, in vier Tagen würde eine sowjetische Gegenoffensive beginnen, die von vielen Experten als einer der entscheidenden Wendepunkte im Krieg gesehen wird – ein Jahr vor Stalingrad.

Und: In Württemberg und Hohenzollern hatte mit dem heutigen Datum der Holocaust begonnen. Das Ziel dieses Transports an diesem 1. Dezember war das Lager »Jungfernhof« in Riga. Am 4. Dezember erreichte der Zug Riga, 1800 Kilometer entfernt, nach einer viertägigen Fahrt in den ungeheizten Güterwagen – wie viele diesen Transport nicht überlebten, ist nicht bekannt. Bekannt ist nur, dass auf die

Überlebenden eine Hölle wartete: Das Lager – ein ehemaliges Landgut – bestand aus zugigen Ställen und Scheunen, in die man einige Pritschen gestellt hatte. Es fehlte an allem: Öfen, Wasser, Toiletten, die Menschen mussten zum Teil bei zweistelligen Minustemperaturen auf dem Boden schlafen.

Von den 1000 Menschen aus Stuttgart sollten nur 44 diese Hölle überleben.

Dieser Transport war nur der erste von insgesamt zwölf.

## Dienstag, 25., bis Samstag, 29. Juli 1944, Stuttgart

In vier der fünf Nächte war sie gekommen, immer nach 1.00 Uhr nachts: Die britische Royal Air Force mit 500 bis 600 Bombern und einer neuen Strategie. Eine erste Welle warf Sprengbomben, um die Dachkonstruktionen der Häuser zu zerstören, eine zweite Welle warf Brandbomben in die nun offenliegenden Dachstühle. Dann wieder eine Welle Sprengbomben, um die Feuerwehr am Ausrücken und Löschen zu hindern – so lange, bis sich die Einzelbrände zu einem riesigen Brand zusammengeschlossen hatten, dem gefürchteten Feuersturm.

Dieses gewaltige Feuer im Zentrum fraß jeglichen Sauerstoff und saugte neuen von außen an – dies mit einer solchen Gewalt, dass die nachströmende Luft in den Straßenschluchten Orkanstärke erreichte und alles mit sich riss und erstickte.

884 Stuttgarter starben in diesen vier Nächten, Zehntausende wurden obdachlos.

Am letzten Tag traf es den Stuttgarter Osten. Gegen 2.00 Uhr morgens versank die Stuttgarter Stadthalle nach einem Volltreffer in Schutt und Asche, der Ort, wo vor elf Jahren alles angefangen hatte – mit zwei Beilhieben auf ein Übertragungskabel.

# Kapitel 6: Die Intrige

Sommer 1990, Großerlach-Schönbronn, Finkenstraße 13,
Wohnhaus von Hans Decker

Hans Decker war gerade im Flur, als das Telefon klingelte.

»Guten Tag, Hans, hier isch der Hans Lehrer aus Stuttgart-Münster – kennsch du mich noch?«

Ja, Decker erinnerte sich an den alten Herrn, ein guter Bekannter seines Stiefvaters, die Familien hatten sich öfter gegenseitig besucht.

»Hans, ich muss dir etwas ganz Wichtiges sagen, bevor«, die Stimme am anderen Ende machte eine kurze Pause, »ich gehen muss.«

»Um was geht's denn, Herr Lehrer?«

»Das kann ich nicht am Telefon sagen.«

Am nächsten Morgen fuhr Hans nach Stuttgart und besuchte den Anrufer. Als er das Haus eine Stunde später wieder verließ, war die Welt eine andere. Denn was Hans Lehrer ihm erzählt hatte, war geradezu ungeheuerlich.

Am Abend desselben Tags,
Seniorenheim »Kronenhof«, Schönbronn-Grab

Sonst hatte ihm der Geruch immer einen Würgereiz verursacht, diese Mischung aus Malzkaffee, Bohnerwachs, Desinfektionsmittel und den Ausdünstungen der Bettschüsseln – bei jedem Besuch fühlte Hans sich sofort an seine eigene Geschichte erinnert: Zu viele Heime, zu viele Schlafsäle, zu viele Schläge, weil es einer mal wieder nicht hatte »verheben« können … doch dieses Mal war er, ohne einen anderen Gedanken zuzulassen, durch die Flure auf die eine Tür zugesteuert.

Nach dem Tod seiner Frau Gertrud 1988 war Eugen Holzmann in den »Kronenhof« gezogen, obwohl gebrechlich, war er – weit in den Achtzigern – geistig immer noch auf der Höhe. Er reagierte sofort, als Hans, ohne anzuklopfen, in das Zimmer stürmte.

»Grüß Gott, Hans … was isch' los?«

»Ich muss mit dir sprechen, Vadder.«

Mein Gott, wie schwer ihm dieses Wort auf einmal fiel, seit er den alten Herrn Lehrer verlassen hatte. »Dr Eugen isch immer hinter deiner Mutter her gwesa«, hatte der ihm berichtet, »aber er hat halt gseha, dass er gegen dein' Vater keine Chance g'habt hat …«

Irgendwann, viele Jahre später, hatte Eugen – war er betrunken gewesen?, wollte er prahlen?, oder wollte er sein schlechtes Gewissen beruhigen? – seinem Bekannten gestanden, wie er seinen Widersacher Theodor aus dem Weg geräumt hatte.

Durch seine langen Gespräche mit Gertrud hatte er einiges über Deckers politische Aktivitäten in Erfahrung gebracht, seine Zugehörigkeit zur RGO, seine Kurierdienste für die Genossen – und so war er eines Tages zur Polizei gegangen. Unter der Bedingung, dass er anonym bleiben würde, hatte er ausgesagt.

Einen Tag später hatten zwei Polizeibeamte vor der Tür in der Schönbühlstraße 78 gestanden.

»Hans Theodor Decker, geboren am 10. Januar 1901?«

»Ja?«

»Los! Mitkommen! Ziehen Sie sich etwas an!«

Das war der Beginn eines Martyriums, das fünf Jahre und elf Tage dauern sollte.


Erst heute – über 65 Jahre danach – wurde der Denunziant von seiner Tat eingeholt: »Vadder, stimmt des? Hasch' du des tatsächlich g'macht?«

Und Eugen Holzmann? Fing an zu reden. Erzählte, wie sehr lieb er die Gertrud hatte, wie er ein ums andere Mal bei ihr abgeblitzt sei und wie er sich nicht mehr anders zu helfen gewusst hatte …

»Dass sie ihn so schlecht b'handle würde, hab i doch et wisse könne«, rief er beschwörend.

106

»Aber wie konntescht du nur? Einen völlig Unschuldigen ans Messer liefern …«

»Das verstehsch du net, des warent doch ganz andere Zeita.«

Hans hatte genug gehört. 50 Jahre Familienleben waren mit einem gewaltigen Krach in sich zusammengestürzt – was er all die Jahre für Geborgenheit gehalten hatte, war auf einem Boden von Verrat, Lüge und Niedertracht gebaut gewesen. Der Gedanke daran, was sein richtiger Vater wegen dieses Mannes alles durchmachen musste, bis hin zu seinem würdelosen Tod im KZ, raubte ihm den Atem.

Er stürmte aus dem Zimmer, warf die Türe hinter sich zu. Auf dem Flur taumelte er noch fünf, sechs Schritte, bevor er stehen blieb, sich umdrehte und aufgebracht brüllte: »Duuuuu … Teufel!«

Wenige Monate nach diesem Besuch starb Eugen Holzmann.

<br>

### Montag, 3. Januar 2011, Großerlach-Schönbronn, Finkenstraße 13

Der Todestag von Hans Decker. Sein letztes Lebensjahrzehnt hatte sich durch die Enthüllungen dramatisch verändert, berichtet sein Sohn Joachim. »Davor hatte er gerne gemalt, das hörte nun völlig auf.«

Bis zu seinem Tod ließ Hans die Geschichte seines Vaters nicht mehr los. Er recherchierte ruhelos die Hintergründe des Verrats, sammelte Fakten, schrieb zahllose lange Briefe, in denen er zäh versuchte, die Vorgänge öffentlich zu machen und in die Medien zu bringen – sein Ton wurde dabei immer drängender und bitterer.

Der Riss war durch die ganze Familie gegangen. Bis zum Sommer 1990 hatte Hans (sein Bruder Werner war schon 1987 gestorben) ein sehr gutes Verhältnis zu Sigurd gehabt, dem Jungen, den Eugen Holzmann in die Ehe mitgebracht hatte, Weihnachten und Ostern hatten die Familien immer gemeinsam verbracht. Auch dies änderte sich, weil Sigurd von den Enthüllungen wenig wissen wollte: »Das ist gewesen«, sagte er immer, wenn Hans das Thema wieder anschlug, man solle jetzt nicht weiter in der Vergangenheit wühlen, sondern in die Zukunft blicken.

Doch das konnte Hans nicht.

Erst im Jahr 2009 konnte er einen Erfolg verbuchen. Der Stuttgarter Historiker Elmar Blessing nahm sich der Geschichte seines Vaters an, im Verlag im Ziegelhaus erschien die Schrift »Endstation Mauthausen – Der lange Leidensweg des Hans Theodor Decker«.

Im Mai 2009 verlegte der Kölner Künstler Gunter Demnig einen »Stolperstein« vor der ehemaligen Wohnung in der Schönbühlstraße. Das 1992 gestartete Projekt gilt mit seinen mittlerweile rund 70 000 Steinen in ganz Europa als das größte dezentrale Mahnmal der Welt, ein riesiges Mosaik des Unrechtsbewusstseins: Theodor Deckers Geschichte ist nun ein Teil davon.

### Was war aus den anderen Protagonisten dieser Geschichte geworden?

Alle vier Kabelattentäter hatten die Haft und den Krieg überlebt, von Eduard Weinzierl und Wilhelm Bräuninger verlieren sich danach die Spuren, sie lebten zwar weiter in Stuttgart, waren aber nicht mehr in der öffentlichen Wahrnehmung. Weinzierl starb am 6. August 1982, Bräuninger wahrscheinlich im Mai 1995.

Alfred Däuble war präsenter in den Medien. Zunächst hatte er lange geschwiegen, erst 1983 äußerte er sich erstmals öffentlich im Rahmen des Projekts Zeitgeschichte im Stuttgarter Tagblatt-Turm. Und er kritisierte dabei, wie viele plötzlich am Kabelattentat beteiligt gewesen sein wollten: »Mit dieser Aktion haben sich so viele gebrüstet, dass es einige Hundert Kabel hätten sein müssen.«

Alfred Däuble starb am zweiten Weihnachtsfeiertag 1998.

Am bekanntesten ist sicher Hermann Medinger aus dem Remstal geworden. Er hatte sich nach seiner Haftentlassung wieder in Stetten niedergelassen, wo er den elterlichen Winzerbetrieb übernahm, seine Besenwirtschaft war ein Magnet.

108

Erst im Zuge der Studentenbewegung Ende der 1960er-Jahre wurde auch seine politische Vergangenheit wieder interessant: Er wurde zum gefragten Interviewpartner in den Medien, in einer »Abendschau«-Reportage zum Beispiel beschrieb er hinreißend am Ort des Geschehens in der Werderstraße dem SDR-Reporter Karl Ebert, wie das genau vor sich gegangen war, damals am 15. Februar 1933: »Ond no isch mir der Däubles Alfred uff de Schultera gschdanda, ond no hat er gsait: ›Des send ja zwoi Kabel‹, no han i gsait: ›No hausch' beide ab!‹ …«

Hermann Medinger starb am 7. September 1979.

Der politisch erfolgreichste der Kabelattentäter war der Kopf der Truppe, Kurt Hager, Tarnname »Leo«. Nach einer kurzen Haft im KZ Heuberg im Frühjahr 1933 emigrierte er, war Kriegsreporter im Spanischen Bürgerkrieg, verbrachte die Weltkriegsjahre in England, wo er im Widerstand aktiv war, 1946 ging er nach Berlin und trat in die SED ein. Schnell stieg er auf und wurde Mitglied des Politbüros des Zentralkomitees der SED, wo er als eine Art Chefideologe der DDR zum obersten Wächter der Wissenschaft und der Künste wurde.

Sein Abstieg begann schon vor der Wende, als er dem »Stern« ein Interview gab, in dem er – zum Thema »Perestroika« gefragt – den

*Kurt Hager 1984*

fatalen Satz sagte: »Würden Sie, wenn der Nachbar seine Wohnung neu tapeziert, sich verpflichtet fühlen, Ihre Wohnung ebenfalls neu zu tapezieren?« Das Interview brachte ihm in der DDR den Spitznamen »Tapeten-Kutte« (Kutte = Kurt) ein.

Immerhin war er so prominent, dass ihn Wolf Biermann als einen von fünf in seine »Ballade von den verdorbenen Greisen« aufnahm – neben Erich Honecker, Erich Mielke, Karl-Eduard von Schnitzler und Egon Krenz:

109

Hey Hager, Professor Tapeten-Kutte
Ich glaub dir nichts, du verdorbener Greis
Jetzt nimmst du uns flott das Wort aus dem Munde
Mit neuen Phrasen der alte Scheiß
Du bist ja selber nicht mehr zu retten
Und rettest auch nicht dieses kranke Land
Du hast deine Jugendträume verraten
Das Menetekel brennt an der Wand

Wir wollen dich nicht ins Verderben stürzen
Du bist schon verdorben genug
Nicht Rache, nein, Rente!
Im Wandlitzer Ghetto
Und Friede deinem letzten Atemzug.

Den tat Kurt Hager am 18. September 1998.

# Nachwort

Das »Stuttgarter Kabelattentat« ist – in bescheidenem Maße – auch ein Teil meiner Familiengeschichte. Meine Urgroßmutter wohnte ein paar Häuser oberhalb des Tatorts, der Werderstraße im damals roten Stuttgarter Osten. Im Familienkreis wurde noch Jahrzehnte später von den Vorgängen erzählt, von der Aufregung im Vorfeld (»Hitler kommt! Höchstpersönlich!«) und im Nachhinein, als die Polizei den Tatort sicherte und die Wohnungen aktenkundiger Kommunisten durchkämmte. Und davon, was an den Stammtischen und in Hausfluren geraunt wurde, zum Beispiel der Witz, der schon kurz nach dem Reichstagsbrand kursierte: Fragt der kleine Sohn beim Abendessen: »Wer hat den Reichstag angezündet?«, antwortet der Vater: »Keine Ahnung, Junge. Ess! Ess!«

Die Erzählungen über das Kabelattentat blieben mir viele Jahrzehnte lang im Hinterkopf, doch der Entschluss, tiefer einzusteigen, kam durch einen Impuls von einer anderen Seite: Ich stieß auf das Büchlein des Stuttgarter Historikers Dr. Elmar Blessing. Der Sohn Theodor Deckers hatte ihn kontaktiert, weil er einen Weg suchte, um die Leidensgeschichte seines Vaters zu veröffentlichen. Und Elmar Blessing kniete sich in die Recherche über das Leben und Leiden dieses Mannes hinein. Diese Recherche band für mich plötzlich alles zusammen: Einzelne Erzählfetzen fügten sich zu einer Geschichte, trockene historische Fakten bekamen eine hoch emotionale und tragische menschliche Dimension.

Was mich darüber hinaus faszinierte: Durch diese Geschichte wird man sofort hineingezogen in eine Diskussion, die man sowohl mit sich selbst als auch mit anderen führen kann: Wie hätte ich mich in dieser Situation verhalten? Hier eine politisch-moralische Überzeugung, für die man einzutreten bereit war, dort eine Familie, für die man Verantwortung trug ... Und genau hier, am schwächsten Punkt, setzten ja die Nazis an: Die Wohnung gekündigt, das Kind von der Schule geworfen oder – noch schlimmer – den Eltern weggenommen und ins Erziehungsheim gesteckt, den Lebenspartner oder die Eltern in Sippenhaft genommen – jeder mag sich fragen, wie er sich in dieser Zwickmühle entschieden hätte: Standhaft bleiben? Oder sich mit dem Unrecht arrangieren?

Theodor Decker und die Kabelattentäter haben sich für Option eins entschieden und sind damit ein großes Risiko eingegangen. Sie mussten die Konsequenzen tragen und ertragen – dafür gebührt ihnen großer Respekt. Und eigentlich noch viel mehr: Sie verdienen Bekanntheit, zumindest so viel, dass sie zu einem Vorbild für Zivilcourage werden können.

Aber in Stuttgart ist das Kabelattentat immer eine sehr kleine Geschichte geblieben. Sie ist irgendwie da, in alten Erzählungen oder in kurzen Zeitungsartikeln zum Jahrestag, aber – das werden Sie feststellen, wenn Sie dem »Nachgang« im nächsten Kapitel folgen und die Schauplätze abschreiten: Es gibt kein Denkmal, keine Erinnerungstafel, nichts.

Dass vor Theodor Deckers Haus ein »Stolperstein« verlegt wurde, ist dem Engagement einiger Bürger zu verdanken – aber ein offizielles Erinnern durch die Stadt? Fehlanzeige.

Warum ist das eigentlich so? Vielleicht, weil es Kommunisten waren, die den Beilhieb setzten, und es im beginnenden Kalten Krieg nach 1945 nicht opportun war, Linke zu ehren – und dabei blieb es eben.

Doch die Zeiten haben sich geändert, die Haltung der Stadt leider (noch) nicht. Eigentlich unverständlich. Denn die erste nennenswerte Widerstandstat gegen die Hitlerdiktatur ist immerhin mit ihrem Namen verbunden: »Stuttgarter« Kabelattentat. Könnte man ja vielleicht ein bisschen stolz drauf sein, oder?

# Nachgang

Wer in Stuttgart die Schauplätze des Kabelattentats besucht, begibt sich zugleich auf eine architektonische Zeitreise durch Vorkriegszeit, Krieg und Wiederaufbau, sie führt zu Orten, die nichts mehr mit der stadtplanerischen Situation in den 1930er-Jahren gemein haben, und in Ecken, die sich fast unverändert erhalten haben.

Vor allem die Innenstadt hatte unter den 53 Bombenangriffen zu leiden, zu 68 Prozent war sie am Ende zerstört: Sich zum Beispiel in der Friedrichstraße vorzustellen, wo Hitlers Lieblingsabsteige Hotel Hospiz Viktoria früher genau stand, erfordert viel Fantasie, weil Bebauung und Straßenführung den Charakter dieses Viertels völlig verändert haben.

Dieser »Nachgang« der Handlungsorte ist so gestaltet, dass er leicht nachzuvollziehen ist, auf zwei Spaziergängen (ca. 2,7 km und 2,5 km), die durch eine Busfahrt verbunden sind.

Gleich fünf Straßenbahnlinien führen zum Ausgangspunkt: U1, U2, U4, U9 und U14. An der Haltestelle »Stöckach« befindet sich

### Station 1: das ehemalige Telegrafenbauamt, Neckarstraße 145

Hier arbeitete Theodor Decker bis zu seiner ersten Verhaftung im März 1933. Von hier aus lieferte er die Information über den Verlauf der Übertragungsleitungen der Hitlerrede. Nach dem Krieg waren hier Teile des Süddeutschen Rundfunks untergebracht, heute residiert hier die Staatsanwaltschaft Stuttgart.

114

Zu Fuß geht's nun die Neckarstraße entlang, nach 300 Metern zweigt die ehemalige Champignystraße ab, hier findet man die

## Station 2: Gaststätte »Dobler«

In der Gaststätte an der Ecke trafen sich die Verschwörer am Abend der Kabelaktion. Die Straße ist heute nach einem ihrer Bewohner benannt, Heinrich Baumann, KPD-Stadtrat und Mithäftling Theodor Deckers im KZ Heuberg.

Weitere 350 Meter entfernt liegt

## Station 3: Neckarstraße 220

Hier war einer der Orte, an denen das Übertragungskabel, das von der Stadthalle zum Telegrafenbauamt führte, oberirdisch verlief. Hier versuchten Hermann Medinger und Eduard Weinzierl, an das Kabel heranzukommen, wurden aber von Wachen entdeckt und weggeschickt. Die Gebäude wurden im Krieg zerstört.

116

Nach wenigen Schritten erreicht man die Werderstraße und

## Station 4: Werderstraße 14

Der eigentliche Ort des Kabelattentats. In dem Durchgang bei Haus 14 verlief das Übertragungskabel in etwa vier Metern Höhe. Nachdem das Duo Weinzierl/Bräuninger zwei Wachmänner abgelenkt hatte, stieg Alfred Däuble auf die Schultern Medingers und durchtrennte das Kabel mit einem Beil. Auch diese Gebäude wurden im Krieg zerstört.

Genau gegenüber liegt

## Station 5: der Standort der alten Stadthalle

Der Bau des Architekten Hugo Keuerleber von 1925/26 war ein Meisterwerk der »Stuttgarter Schule«. In der 10 000 Besucher fassenden Halle eröffnete Hitler am 15. Februar 1933 seine Wahlkampftour.

1976 entstand auf dem Gelände das Funkhaus Stuttgart des Süddeutschen Rundfunks. Seit der Fusion mit dem Südwestfunk 1998 sitzt hier der SWR-Intendant.

Schwieriger wird es – ein Stück die Werderstraße weiter hinauf – mit

## Station 6: Sickstraße 5a

In der Wohnung des Ingenieurs Rudolf Futterknecht wurde die Aktion geplant. Kopf der Gruppe war das spätere DDR-Politbüro-Mitglied Kurt Hager.

Das Haus und der Straßenabschnitt existieren jedoch nicht mehr. Das Haus wurde im Krieg zerstört, und der Anfang der Sickstraße wurde nach dem Krieg von den Technischen Werken überbaut, heute ist er Teil des Werksgeländes des Netzbetreibers »Netze BW«.

500 Meter weiter, in der Teckstraße 60, kommt man zu

## Station 7: dem ehemaligen Heeresstandortlazarett Berg

Das Klinkerareal war der Arbeitsplatz von Hermann Medinger, als zwei Polizisten ihn am 18. Dezember 1935 verhaften wollten. Medinger floh durch ein Toilettenfenster. Nach dem Krieg war das Gelände ein Krankenhaus, heute ist es der »Kulturpark Berg« mit der Merz Akademie, Hochschule für Gestaltung, Kunst und Medien Stuttgart.

120

Auf dem Weg über den Ostendplatz kreuzt man zwei Straßen, in denen Gertrud Decker nach der Verhaftung ihres Mannes gewohnt hat, die Rotenbergstraße und die Roßbergstraße, dann kommt

**Station 8: Schönbühlstraße 78**

Hier war die Wohnung der Deckers bis kurz nach der Verhaftung im Januar 1935. Vor dem Krieg war dieser Teil der heutigen Schönbühlstraße noch eine Fortsetzung der Lehmgrubenstraße, Deckers Wohnhaus hatte deshalb die Adresse Lehmgrubenstraße 72.

Seit Mai 2009 befindet sich ein »Stolperstein« vor dem Haus.

Die Buslinie 42 führt nun von der Haltestelle »Wagenburgstraße« zum Hauptbahnhof. Nach Überquerung der Heilbronner Straße folgt der »Nachgang« für wenige Meter der Kriegsbergstraße. Gleich rechts in der Goethestraße befindet sich

**Station 9: das ehemalige »Braune Haus«**

In Haus Nummer 14 am Ende der Straße befand sich bis zu seiner Zerstörung der Sitz der NSDAP-Gau- und Kreisleitung. Hier residierte Gauleiter Wilhelm Murr. 1997 baute der Energieversorger EnBW eine riesige, den ganzen Block überwölbende Zentrale, die aber nach nicht einmal 20 Jahren schon wieder abgerissen werden sollte. Jetzt entsteht dort ein Motel-One-Hotel mit 400 Zimmern.

Auch am nächsten Ort kann man sich kaum noch vorstellen, wie es hier vor den Bombennächten aussah. An der Ecke Friedrich-/Schellingstraße stand

## Station 10: das »Hotel Hospiz Viktoria«

Das Hotel war in den 1930er-Jahren das führende Haus in Stuttgart. Hier stieg der »Führer« bei seinen (wenigen) Stuttgartbesuchen ab.

Von hier führte am Abend des 15. Februar 1933 ein Fackelzug über Schloss- und Schillerplatz zu

## Station 11: Stuttgarts Marktplatz

Als Hitler in der Stadthalle sprach, versammelten sich hier all diejenigen, die keine Eintrittskarte ergattern konnten, und hörten die Rede über Lautsprecher, die die NSDAP aufstellen ließ. An diesem Abend hieß der Bürgermeister noch Karl Lautenschlager, ein Liberaler, bereits vier Wochen später hatten ihn die Nazis aus dem Amt getrieben und durch ihren Parteigenossen Karl Strölin ersetzt.

Vom mittelalterlichen Stadtkern ist nach den Feuerstürmen von 1944 nichts übrig geblieben, auch das alte Rathaus, ein Prachtbau im Stil der flämischen Spätgotik, wurde fast völlig zerstört, lediglich Teile der Seitenflügel wurden in den 1950er-Jahren in das neue Gebäude integriert.

124

Nur 250 Meter vom Marktplatz entfernt liegt

### Station 12: das »Hotel Silber«

Früher ein Hotel, dann Post-
gebäude, in den 1930er-Jahren
Sitz der gefürchteten Politischen Polizei und damit Ort
der Verhöre Theodor Deckers.
An 1936 unterstand die Politische Polizei nicht mehr dem
Land, sondern der Gestapo.

Als 2007 Pläne bekannt
wurden, das »Hotel Silber«
im Zuge der Sanierung des
»Dorotheen Quartiers« abzu-
reißen, formierte sich die »Ini-
tiative Lern- und Gedenkort
Hotel Silber« und erreichte,
dass das Gebäude erhalten
und 2018 als Gedenkstätte
wiedereröffnet werden konnte
(Dienstag bis Sonntag 10.00
bis 18.00 Uhr, Mittwoch 10.00
bis 21.00 Uhr).

300 Meter entfernt – jenseits des Charlottenplatzes – liegt das Justiz-viertel und damit

## Station 13: das Oberlandesgericht Stuttgart, Ecke Urban-/Archivstraße

Dies war der Ort der Gerichtsverhandlungen gegen Decker, Medinger, Weinzierl, Däuble, Bräuninger und Futterknecht.

In der Zeit zwischen 1933 und 1945 wurden mindestens 423 Hin-richtungen mit dem Fallbeil vollzogen, vollstreckt wurden die Todes-urteile im Lichthof des Justizgebäudes in der Urbanstraße, gegen Ende des Kriegs starben hier bis zu 20 Häftlinge pro Tag.

126

Bei einem Bombenangriff in der Nacht vom 12. auf den 13. September 1944 wurde das Gebäude zerstört, dabei verbrannten die Akten des OLG Stuttgart völlig, darunter auch die Prozessakten von Theodor Decker. Die Aufarbeitung der Verbrechen der NS-Justiz nach 1945 wurde dadurch erschwert.

Im Januar 2019 wurde im Gebäude des Landgerichts Stuttgart eine Dauerausstellung zur NS-Justiz in Stuttgart (Montag bis Freitag 9.00 bis 18.00 Uhr) eröffnet.

Hier endet der Kabelattentats-»Nachgang«, am Charlottenplatz verlaufen alle wesentlichen Stadtbahnlinien.

# Literaturverzeichnis

Bahar, Alexander u. Kugel, Wilfried, »Der Reichstagsbrand«, Köln 2013.

Blessing, Elmar, »Endstation Mauthausen – der lange Leidensweg des Hans Theodor Decker«, Stuttgart 2009.

Bohn, Willi, »Stuttgart: geheim«, Frankfurt a. M. 1969.

Hager, Kurt, »Erinnerungen«, Leipzig 1996.

Hett, Benjamin Carter, »Der Reichstagsbrand«, Reinbek bei Hamburg 2016.

Kamann, Friederike u. Kögel, Eberhard, »Ruhestörung«, Grafenau 1994.

Kienle, Markus, »Das Konzentrationslager Heuberg bei Stetten am kalten Markt«, Ulm u. a. 1998.

Müller, Roland, »Stuttgart zur Zeit des Nationalsozialismus«, Stuttgart 1988.

»Spurensuche zum KZ Welzheim«, www.welzheim.de

»Stuttgart im Dritten Reich«, Projekt Zeitgeschichte, Stuttgart 1984.

»Stuttgart im Zweiten Weltkrieg«, Stuttgart 1989.